2022

Sálvia de Souza Haddad

Suicídio Assistido por *Completed Life*

O Cansaço Existencial como Base para o Direito ao Suicídio Assistido

Dados Internacionais de Catalogação na Publicação (CIP) de acordo com ISBD

H126s   Haddad, Sálvia
       Suicídio assistido por completed life: o cansaço existencial como base para o direito de morrer / Sálvia Haddad. - Indaiatuba, SP : Editora Foco, 2021.

       120 p. ; 17cm x 24cm.

       Inclui índice e bibliografia.

       ISBN: 978-65-5515-414-6

       1. Direito. 2. Medicina. 3. Biodireito. 4. Direito de morrer. I. Título.

2021-4368   CDD 344.04197   CDU 34:57

Elaborado por Odilio Hilario Moreira Junior - CRB-8/9949

Índices para Catálogo Sistemático:

1. Biodireito 344.04197
2. Biodireito 34:57

Sálvia de Souza Haddad

Suicídio Assistido por Completed Life

O Cansaço Existencial como Base para o Direito ao Suicídio Assistido

2022 © Editora Foco

Autor: Sálvia de Souza Haddad
Diretor Acadêmico: Leonardo Pereira
Editor: Roberta Densa
Assistente Editorial: Paula Morishita
Revisora Sênior: Georgia Renata Dias
Revisora: Simone Dias
Capa Criação: Leonardo Hermano
Diagramação: Ladislau Lima e Aparecida Lima
Impressão miolo e capa: FORMA CERTA

DIREITOS AUTORAIS: É proibida a reprodução parcial ou total desta publicação, por qualquer forma ou meio, sem a prévia autorização da Editora FOCO, com exceção do teor das questões de concursos públicos que, por serem atos oficiais, não são protegidas como Direitos Autorais, na forma do Artigo 8º, IV, da Lei 9.610/1998. Referida vedação se estende às características gráficas da obra e sua editoração. A punição para a violação dos Direitos Autorais é crime previsto no Artigo 184 do Código Penal e as sanções civis às violações dos Direitos Autorais estão previstas nos Artigos 101 a 110 da Lei 9.610/1998. Os comentários das questões são de responsabilidade dos autores.

NOTAS DA EDITORA:

Atualizações e erratas: A presente obra é vendida como está, atualizada até a data do seu fechamento, informação que consta na página II do livro. Havendo a publicação de legislação de suma relevância, a editora, de forma discricionária, se empenhará em disponibilizar atualização futura.

Erratas: A Editora se compromete a disponibilizar no site www.editorafoco.com.br, na seção Atualizações, eventuais erratas por razões de erros técnicos ou de conteúdo. Solicitamos, outrossim, que o leitor faça a gentileza de colaborar com a perfeição da obra, comunicando eventual erro encontrado por meio de mensagem para contato@editorafoco.com.br. O acesso será disponibilizado durante a vigência da edição da obra.

Impresso no Brasil (11.2021) – Data de Fechamento (11.2021)

2022

Todos os direitos reservados à
Editora Foco Jurídico Ltda.
Avenida Itororó, 348 – Sala 05 – Cidade Nova
CEP 13334-050 – Indaiatuba – SP

E-mail: contato@editorafoco.com.br
www.editorafoco.com.br

LISTA DE ABREVIATURAS E SIGLAS

Art. – Artigo

ADMD – Associação pelo Direito de Morrer com Dignidade

BES – Ilhas BES: Bonaire, Santo Eustáquio e Saba, municipalidades especiais dos Países Baixos

BGB – Burgerliches Gesetzbuch – Código Civil

BIG – Wet op de beroepen in de individuale gezondheidszorg - Lei das Profissões de Saúde Individuais

BTDrucks-Bundestagesdrucksachen – Anais dos Trabalhos Legislativos da Câmara Federal

CEDH – Convenção Europeia de Direitos Humanos

CF – Constituição Federal

CFM – Conselho Federal de Medicina

CLW – Coöperatie Laatste Wil - Cooperativa da Última Vontade

CP – Código Penal

DUDH – Declaração de Universal dos Direitos Humanos

EU – União Europeia

GG – Grundgesetz – Lei Fundamental (Constituição da República da Alemanha)

IBGE – Instituto Brasileiro de Geografia e Estatística

IGJ – Inspeção dos Cuidados de Saúde e Cuidados Juvenis da Holanda

IVV – Interrupção Voluntária da Velhice

IVE – Interrupção Voluntária do Envelhecimento

KNMG – Conselho da Federação da Sociedade Real Holandesa para a Promoção da Medicina

MMA – Morte Medicamente Assistida

NVVE – Sociedade Holandesa para o Termo Voluntário da Vida

NVWA – Autoridade para Segurança dos Produtos Alimentares e de Consumo dos Países Baixos

OIT – Organização Internacional do Trabalho

OMS – Organização Mundial de Saúde

ONU – Organização das Nações Unidas

PIDCP – Pacto Internacional sobre os Direitos Civis e Políticos

PLS – Projeto de Lei do Senado

Sec. – Século

StGB – Strafgesetzbuch – Código Penal

TEDH – Tribunal Europeu de Direitos Humanos

UNESCO – Organização das Nações Unidas para Educação, Ciência e Cultura

VSED – Voluntarily Stopping Eating and Drinking

SUMÁRIO

LISTA DE ABREVIATURAS E SIGLAS V

PREFÁCIO.. IX

APRESENTAÇÃO XI

INTRODUÇÃO XIII

1. PRINCÍPIO DA DIGNIDADE DA PESSOA HUMANA E SEU CONTEÚDO AUTÔNO-
MO NAS DECISÕES DE FIM DE VIDA 1

   1.1   Princípio da Dignidade da Pessoa Humana: evolução conceitual, conteúdo e
        dimensões... 1

   1.2   Dimensão heterônoma e autônoma da dignidade..................................... 9

   1.3   Decisões de fim de vida: eutanásia, distanásia, mistanásia, ortotanásia, cuida-
        dos paliativos e suicídio assistido.. 15

2. AUTONOMIA PARA O SUICÍDIO ASSISTIDO NO CONTEXTO DOS DIREITOS DA
PERSONALIDADE E DO DIREITO AO ENVELHECIMENTO SAUDÁVEL....................... 25

   2.1   Direitos da personalidade e o poder de disposição nas situações jurídicas
        existenciais.. 25

   2.2   O paternalismo jurídico como óbice ao suicídio assistido: os casos Goodall e
        Wuillemin... 33

   2.3   Autonomia existencial do idoso no processo de envelhecimento saudável: o
        suicídio assistido por completed life e os casos Goodall e Wuillemin............. 39

3. ANÁLISE DO PROJETO DE LEI HOLANDÊS 35534. COMPLETED LIFE BILL. LEI DE
ACONSELHAMENTO EM FIM DE VIDA PARA IDOSOS, A PEDIDO 51

   3.1   Perspectiva histórica e relevância do tema para a sociedade holandesa 51

   3.2   Aspectos constitucionais e legais pertinentes ao projeto 59

   3.3   O projeto de lei e seus artigos 66

CONCLUSÃO... 81

REFERÊNCIAS... 85

PREFÁCIO

Se você pudesse escolher, como você gostaria de morrer? Essa pergunta já foi feita centenas de vezes, para milhares de pessoas, por diversos pesquisadores no tema *finitude*. Há, entre os ocidentais, uma resposta comum: "desejo morrer bem velhinho e dormindo."

A ideia de uma vida longeva e de uma morte que não se sente permeia o imaginário de grande parte das sociedades que se fundam na cultura judaico-cristã. O famoso romancista britânico Julian Barnes afirma, em seu livro "Death", que a longevidade substituiu o antigo paradoxo "Vida x Morte" por "Velhice x Morte" e é nesse novo paradoxo que o livro que hora tenho a honra de prefaciar insere-se.

Sálvia de Souza Haddad é uma conhecida escritora manauara, mas faz com o livro "Suicídio Assistido por *Completed Life*" – fruto de sua dissertação de Mestrado magistralmente orientada pela professora Joyceane Bezerra de Menezes,– seu *début* no mundo da literatura jurídica. Fazendo jus à sua biografia, essa estreia não poderia ser mais auspiciosa: a Procuradora do Estado do Amazonas e Mestre em Direito Privado pela Unifor, trabalha o novo paradoxo da finitude a partir da autodeterminação do indivíduo, questionando o direito de uma pessoa idosa, sem qualquer diagnóstico de doença grave, a submeter-se ao suicídio assistido por sentir que já viveu o suficiente, tecnicamente chamado de *completed life*.

A discussão trazida nessa obra é produto do encontro de fenômenos socioculturais, jurídicos e biomédicos: A complexidade da contemporaneidade, a necessidade de coexistência de diferentes projetos de vida em um mundo cada vez mais plural e a Medicina atual, capaz de prolongar a vida além de qualquer expectativa. Juntos, esses fenômenos redimensionam o conceito de vida. A vida, que outrora era vista como o perfeito funcionamento fisiológico do corpo humano, agora passa a ser moldada à pessoalidade de cada indivíduo. Nesse contexto, a biografia passa a se sobrepor à biologia, e novos questionamentos surgem:

Por que, ao pensarmos em uma *morte escolhida*, a resposta é sempre uma morte natural? Por que o suicídio assistido só é permitido – nos países em que já é legalizado – e discutido – nos países que pretendem legalizar, para pessoas com doenças graves? Por que a velhice é vista sempre como uma dádiva? Por que idosos fartos de viver biologicamente não podem se valer do suicídio assistido? Como equalizar eventual direito de morrer de um idoso com a necessidade de proteção dos idosos vulneráveis?

A presente obra não pretende dar respostas definitivas à essas questões, mas sim jogar luz sobre elas, desmembrando-as em novas questões, mergulhando nas profundezas desse oceano azul, trazendo à superfície discussões absolutamente fundamentais para qualquer sociedade que se pretenda plural.

Para tanto, inicia-se uma potente análise hermenêutica do princípio da dignidade da pessoa humana e suas dimensões. Ao contrapor a dimensão heterônoma e a dimensão autônoma da dignidade, a autora convida o leitor a compreender as situações jurídicas existenciais e reconhecer os espaços que o Estado não deve tocar, e, enfim, apresentar as clássicas nomenclaturas que envolvem o direito de morrer.

Após firmar as bases conceituais e esclarecer sobre o suicídio assistido, a obra verticaliza a discussão para o envelhecimento e a velhice, apresentando o paradigmático caso do biólogo australiano David Goodall e a enigmática decisão da francesa Hélène Wuillemin sob a perspectiva do paternalismo jurídico.

Por fim, a autora, ciente da impossibilidade de tratar o suicídio assistido por *completed life* sem voltar os olhos para a realidade holandesa, faz um profundo estudo sobre a cultura holandesa e o projeto de lei. 35534, deixando o leitor com um gosto de quero mais e com a certeza de que essa é apenas a primeira edição desse livro inovador.

É inegável que já há no Brasil um número bastante satisfatório de pesquisas sobre eutanásia e suicídio assistido, na perspectiva do direito de pessoas gravemente doentes, notadamente de pacientes com doenças terminais e em estado vegetativo persistente. Para os juristas comprometidos com a Constituição da República Federativa do Brasil de 1988, não pode haver dúvidas sobre a possibilidade de escolha desses pacientes à prática da eutanásia e do suicídio assistido, pois estas práticas são intrínsecas ao conceito de vida e morte digna.

A provocação que Sálvia de Souza Haddad faz, de forma inédita na pesquisa jurídica brasileira, ao defender o direito ao suicídio assistido por idosos que tenham cansado de viver – mas que são considerados saudáveis por uma sociedade que patologiza a vida – é o que torna o livro "Suicídio Assistido e *Completed life*" prova viva do amadurecimento das pesquisas jurídicas brasileiras sobre o direito de morrer e leitura obrigatória para todos aqueles que estão dispostos a saírem do lugar comum. *Com um ingrediente singular: a escrita envolvente de Sálvia.*

Belo Horizonte, primavera (pandêmica) de 2021.

Luciana Dadalto

Doutora em Ciências da Saúde pela Faculdade de Medicina da UFMG. Mestre em Direito Privado pela PUCMinas. Advogada. Administradora do portal www.testamentovital.com.br

APRESENTAÇÃO

A escrita tem o condão de tornar visível. As palavras estampam os universos que negligenciamos pelo olhar, acostumado com os infortúnios que se fazem comuns junto à realidade.

Falar sobre o 'fim', talvez, seja o começo de uma reflexão que se faz incômoda, todavia, necessária. Afinal, não há existir que se prolongue em reticências eternas. Há sempre um ponto final no qual repousa a finitude. Ao tratarmos dos elementos acidentais dos negócios jurídicos é comum ensinar que a morte é exemplo de termo incerto.

Mas, quando é mesmo esse ponto final?

Há algum tempo recebi um convite para comentar o filme "A última lição", em que a protagonista, no dia de seu aniversário de 92 anos, reuniu a família e comunicou ao casal de filhos e ao neto que havia definido o dia em que iria morrer. Assustados, os familiares não entendiam a razão de tal manifestação, até porque a senhora Madeleine não sofria com nenhuma doença específica. Indagada, ela afirmou ter se cansado do desgaste físico e emocional da velhice e não pretendia tornar-se dependente nem dos filhos e nem de médicos e de cuidadores.

Em que pesem as muitas críticas tecidas por cinéfilos experientes, dentre elas a de que o filme pecava pela artificialidade, eu enxerguei nele uma excelente oportunidade para discutir a autonomia da pessoa humana e seus projetos de vida boa, as relações familiares que muitas vezes instrumentalizam a vida do outro e, também, as novas aberturas semânticas para a discussão sobre o direito e a autonomia para morrer.

À época pensei em escrever algo sobre o assunto, mas o tempo passou e eu não o fiz. Até que um dia, a vida me presenteou ao colocar em meu caminho essa jovem e brilhante pesquisadora, a profa. Sálvia Haddad, que compartilha da minha paixão pela bioética e pelo biodireito, mormente no que diz respeito à terminalidade da vida. E desse contato, surgiu o convite para participar da banca de defesa de sua dissertação de mestrado, cujo trabalho tem como título: "Posso ou devo envelhecer? A interrupção voluntária do envelhecimento por meio do suicídio assistido."

Nem preciso dizer da minha alegria ao ler esse magnífico texto, escrito com sensibilidade, rigor acadêmico e que aborda situações existenciais de máxima importância. Iniciei esse pequeno texto trazendo o cinema como exemplo, mas se é verdade que a vida imita a arte, a história de David Goodall e Helenè Wuillemin, oportunamente mencionadas pela autora, mostram que é legítimo alguém dizer que se cansou de viver e ao Direito cabe levar a sério essa questão.

Sob a orientação da competente Profa. Joyceanne Bezerra, Sálvia analisa a possibilidade jurídica do suicídio assistido, como expressão da dignidade da pessoa no contexto do envelhecimento. Em seu excelente texto, a certa altura questiona: "Como pode o Estado defender o direito fundamental à morte digna, se impõe ao indivíduo que deseja encerrar sua existência, a obrigação de viver, como se tratasse, não de uma pessoa autônoma, mas de uma vida à serviço da sociedade?"

Coragem é o que não falta a essa jovem manauara. Sálvia assume a proposta de que toda pessoa humana, na qualidade de ser livre e que coexiste em uma rede de interdependência e interlocução, possui uma pessoalidade que não é pressuposta nem imposta, mas sim construída.

Como já dissemos[1], hoje, não há indivíduo humano que não tenha liberdade para construir sua pessoalidade, já que esta é edificada a partir das configurações por ele assumidas e que decorrem das suas escolhas (ações e omissões) enquanto seres livres, agentes da própria vida e, portanto, capazes de se autodeterminarem como construtores de sua individualidade.

A obra que ora tenho a honra de apresentar faz-se, pois, atual e necessária, perpassando por assuntos complexos, que possibilitam a construção de um arcabouço de informações, indispensável para o debate, a reflexão e a construção de amanhãs muito mais promissores a cada um de nós.

Da Serra Gaúcha, no dia 29 de outubro de 2021.

Maria de Fátima Freire de Sá

Doutora (UFMG) e Mestre (PUC Minas) em Direito. Professora da PUC Minas. Pesquisadora do Centro de Estudos em Biodireito – CEBID. Membro do Comitê de Ética em Pesquisa da PUC Minas – CEP. Membro do Instituto Brasileiro de Responsabilidade Civil – IBERC.

---

1. Em Autonomia para Morrer, de minha autoria em parceria com Diogo Luna Moureira.

INTRODUÇÃO

David Goodall, cientista australiano, não sofria de nenhuma doença ameaçadora da vida, mas alegava que sua qualidade de vida havia se deteriorado e que não via mais nenhum sentido em continuar vivendo, uma vez que sua vida estava completa. A idade avançada e o processo de envelhecimento lhe retiraram a autonomia, confinando-o a uma vida que, para ele, representava um aniquilamento de sua dignidade. Por esta razão desejava a morte por meio do suicídio assistido.

No dia do seu 104.º aniversário, em entrevista concedida ao canal australiano ABC, admitiu publicamente seu desejo de morrer, reafirmando que sua infelicidade advinha, principalmente, da impossibilidade de concretizar seu desejo de uma morte digna (THE GUARDIAN, 2018). A Austrália não admitia o suicídio assistido, o que obrigou o professor a viajar para Suíça, país que permite a prática em estrangeiros, e por meio de uma organização civil, pôde concretizar seu desejo: ceou pela última vez com seus familiares e partiu ao som da nona sinfonia de Beethoven (AFP, 2019).

Hélène Wuillemin, francesa de 100 anos, parece vivenciar o mesmo dilema enfrentado por David. Com limitações físicas inerentes à senectude avançada que lhe restringem a autonomia, Hélène também buscou a morte digna por meio de organizações de suicídio assistido na Suíça, mas foi recusada diante da ausência de diagnóstico de enfermidade que caracterize a terminalidade de vida (AFP, 2020).

Algumas organizações suíças, como a *Dignitas*, exigem esse diagnóstico para a realização do procedimento; outras aceitam idosos sem doenças terminais para o procedimento, como a *Pegasos*. David, inicialmente, também foi recusado, mas depois recebeu a *green light*.

Diante da recusa, no dia 25 de maio de 2020, a francesa optou pela prática da *Voluntarily Stopping Eating and Drinking* (VSED), isto é, parar de comer e beber voluntariamente, exercitando, de forma genuína, sua autonomia para morrer. Em entrevista concedida ao portal RFi, a idosa afirma que sofre há anos por conta de várias e severas limitações causadas pelo adiantado envelhecimento que compromete a dignidade de seu viver. Além disso, seus dias são um tormento, pois resumem-se a um sem fim de horas nas quais dorme e joga joguinhos.

Também vale a pena citar, nessas considerações iniciais, a história de Jacqueline Jencquel, francesa de 77 anos, que deseja ter acesso ao que ela denomina interrupção voluntária do envelhecimento, em alusão ao termo utilizado na lei francesa do aborto[1], que fala em interrupção voluntária da gravidez. Numa concepção mais global do instituto, o que Jacqueline deseja é ter direito ao suicídio assistido por *completed life*.

---

1. Lei Veil, de 1975. Disponível em: https://www.assemblee-nationale.fr/ Acesso em: 13 ago. 2021.

Jencquell considera o processo de envelhecer uma perda gradativa de sua dignidade e se recusa a viver qualquer tormento a ele associado. Para ela, o sofrimento que torna uma vida insuportável não advém apenas de uma doença incurável ou degenerativa, mas de uma conjuntura de limitações de toda ordem que a levam a renunciar esta vivência. Sua história ganhou destaque na mídia mundial justamente porque é uma mulher sem aflições econômicas, problemas particularmente sérios ou doença terminal. Nas suas próprias palavras:

> A velhice é uma doença incurável, que é mortal em qualquer caso. Quero fazê-lo antes de ficar velha e gritar de dor. O que realmente surpreende as pessoas é que eu não estou morrendo. Na França, para ter o direito de morrer, você precisa ser quase despejado e gritando de dor. [...] Não quero que outra pessoa decida por mim se estou pronta para morrer ou não. Eu não sou mais uma garota. Eu sei o que quero.

Jacqueline, como ativista reconhecida que lutou pela legalização do aborto em seu país e como membro da Associação pelo Direito de Morrer com Dignidade (ADMD), há dez anos luta pela legalização do suicídio assistido na França, independentemente da existência de diagnóstico de doença ameaçadora da vida, na defesa do assim chamado por ela, direito à interrupção voluntária da velhice – IVV.

Alguns fatores ocorridos no século XX e XXI impactaram de forma determinante as relações entre Medicina e Direito nas decisões de fim de vida, tais como a tecnologia aplicada à medicina, o perfil epidemiológico das doenças crônicas e o aumento significativo da expectativa de vida.

A partir da segunda metade do século XX, a tecnomedicina trouxe ganhos antes impensados: novos e modernos recursos foram implementados para a otimização de diagnósticos e o tratamento de inúmeras enfermidades. A morte, indomada por séculos, muitas vezes repentina e sem explicação, passou a ser um evento relativamente controlável. Há menos de um século o homem descobria o antibiótico, e hoje há médicos operando seus pacientes por robótica.

A despeito de todos os benefícios aportados à humanidade pela medicina biotecnológica, hoje se questionam os limites éticos da ação médica, mormente nas questões relacionadas à terminalidade de vida. O avanço tecnológico na área da saúde, em certa medida, parece ter representado um retrocesso em questões humanas por permitir a adoção de medidas desproporcionais que, em muitos casos, prolongam artificialmente o processo de morte do paciente, à custa de sofrimento, sem lhe proporcionar qualquer benefício.

Outro fator determinante que influenciou as decisões de fim de vida diz respeito à mudança no perfil epidemiológico das doenças crônicas. Dados atuais da Organização Mundial de Saúde revelam que 60% da população mundial morrerá por complicações decorrentes de doenças crônicas (OPAS, 2018). Essa realidade aponta para uma fatia significativa da população do planeta que passará muito tempo doente e, assim sendo, terá que lidar com limitações, deterioração da qualidade de vida e sofrimento, fato que impactará de forma direta as decisões relativas ao final de vida.

O aumento da expectativa de vida no mundo também impacta fortemente as situações que envolvem terminalidade. A Organização Mundial da Saúde (OMS) estima que o número de pessoas com idade superior a 60 anos chegaria a 2 bilhões em 2050. O Brasil não segue caminho diferente. Dados do IBGE relativos à expectativa de vida do povo brasileiro informam que, em 1940, a expectativa de vida era de apenas 45,5 anos (ONU, 2014). O número vem crescendo, e em 2019, alcançou a idade de 79,9 anos para mulheres, e de 72,8 anos para homens (CRELIER, 2019). Em 80 anos, o número quase dobrou, confirmando a real possibilidade de se viver mais tempo que o desejado, como os casos de Goodall e Wuillemin.

Todo esse panorama mundial demanda um novo olhar sobre a dignidade da pessoa humana e sua autonomia para decidir sobre a duração de sua vida. Questões existenciais reivindicam sua prevalência diante dos valores morais e religiosos da sociedade. Normas jurídicas que limitam a liberdade individual de cada pessoa devem ser realinhadas diante desta nova realidade.

Tais questões, ligadas à autonomia e dignidade no morrer, reclamam solução diversa da oferecida pelo ordenamento jurídico atual. Afinal: diante de um processo de envelhecimento que atente contra a dignidade humana teria o Estado legitimidade para obrigar alguém a viver as intempéries de uma velhice limitadora e humilhante? Nessas decisões, quando há uma tensão entre o direito à vida e a dignidade da pessoa humana, qual caminho seguir? Há legitimidade no desejo de morrer de David e Hélène?

Com a dignidade da pessoa humana, a Constituição Federal de 1988, (artigo 1.º, III) funda seu Estado Democrático de Direito, que aliado ao rol de direitos fundamentais, posiciona a condição humana como objeto e razão de ser de todo ordenamento jurídico. Por sua grande relevância social, é importante determinar vetores mínimos para verificação de seu efetivo conteúdo jurídico.

A dignidade da pessoa humana, qualidade intrínseca reconhecida a todo ser humano, envolve um direito ao desenvolvimento da personalidade e à autodeterminação nas variadas ordens da vida. Essa autonomia biparte-se em patrimonial, para manejo de situações jurídicas ligadas ao patrimônio do indivíduo, e existencial, voltada para situações jurídicas que dizem respeito ao íntimo da pessoa.

No campo da autonomia existencial, o conteúdo da dignidade da pessoa humana está inexoravelmente atrelada à ideia de liberdade para viver segundo suas escolhas pessoais. A ligação estreita entre liberdade e dignidade, nesse campo, reflete a viabilidade de um projeto de vida digna para cada um. Dizer que ninguém pode determinar a vida alheia é o mesmo que dizer que só a pessoa tem o poder de se autodeterminar no que se refere à sua vida privada.

Neste ambiente, associado à consolidação dos direitos da personalidade com destaque para a sua autonomia e liberdade nas diversas fases do viver, esse estudo pretende investigar os limites jurídicos para o exercício da autonomia no direito ao suicídio assistido por *completed life*.

A despeito de ainda prevalecer, no Brasil, uma visão altamente religiosa e paternalista quanto à autonomia existencial em questões atinentes à terminalidade de vida, é importante destacar que alguns passos iniciais já foram trilhados para amparar a dignidade da pessoa humana em fim de vida.

O Conselho Federal de Medicina, por meio de da Resolução n. 1.995/2012, definiu as diretivas antecipadas de vontade, terminologia (erroneamente) usada na resolução como sinônimo de testamento vital, reconhecendo o direito à aceitação e recusa de tratamento, posicionamento importante perante a comunidade médica, que prestigia o direito de escolha do paciente como manifestação do respeito à sua dignidade. A doutrina mais avalizada reconhece este direito mesmo quando a vida do paciente possa, eventualmente, correr risco.

A caracterização da prática da distanásia como infração ética também representa um avanço no reconhecimento da dignidade do paciente em fim de vida. O artigo 41[2] do código de ética medica veda expressamente a prática, e a Resolução do CFM n. 2.156/2016, que trata de critérios para admissão de paciente em unidade de terapia intensiva deixa claro que paciente "com doença em fase de terminalidade, ou moribundos, sem possibiidade de recuperacao, não são apropriados para admissão em UTI".

Apesar dos passos dados no respeito à autonomia, há ainda retrocessos significativos observados em todos os segmentos da sociedade, revelando que a dignidade, mormente em sua vertente de tutela positiva, ligada ao direito de livre desenvolvimento da personalidade, ainda não ocupa o lugar de prestígio e merecimento que lhe foi reservado pela Constituição Federal brasileira.

O caso de um paciente que recusou a amputação de seu pé demonstra a percepção de nosso Judiciário diante da disposição de bens jurídicos historicamente tidos como irrenunciáveis (BRASIL, 2013). Diante de sua recusa, o Ministério Público, sob o fundamento do direito irrenunciável à vida, propôs ação perante a vara da comarca de Viamão/RS, postulando suprimento da vontade do paciente. Apesar de não se tratar de um caso de terminalidade de vida, mas de ato existencial ligado ao direito de recusa de tratamento médico, a conduta se mostrou atentatória da autonomia e da liberdade do indivíduo quanto a decisões personalíssimas acerca de seu tratamento de saúde.

Outro caso, mais recente, demonstra como a sociedade trata as disposições sobre o corpo e a vida: o jovem José Humberto, portador de doença renal crônica, recusou hemodiálise argumentando que o tratamento, árduo e penoso, não apresentava chances de cura nem perspectiva de melhora ou alívio do sofrimento. José Humberto é maior de idade e está no gozo pleno de suas capacidades. Sua mãe, inconformada, ingressou com pedido de interdição provisória do jovem, concedida pela 2.ª Vara Cível de Trindade, Estado de Goiás (VEJA, 2017).

---

2. "Art. 41. Abreviar a vida do paciente, ainda que a pedido deste ou de seu representante legal."

Por fim, há o clássico caso do *Solitário Anônimo* (DINIZ, 2007), que embora não represente um caso judicial, revela, igualmente, a postura paternalista da comunidade médica, que em muitos casos, não reconhece o direito à autodeterminação do indivíduo: paciente admitido no setor de emergência hospitalar foi submetido a introdução de sonda alimentar contra a sua vontade. Dado o seu estado de desnutrição, a equipe entendeu necessária a introdução da sonda, assim o fazendo, à força, mesmo diante da recusa persistente e clara do paciente.

A pesquisa, em seu primeiro capítulo, discorre sobre o princípio da dignidade da pessoa humana e sua alta relevância no ordenamento jurídico, analisando suas variadas dimensões, com destaque para duas delas que se contrapõem: a perspectiva heterônoma, na qual a liberdade individual sofre limitações para a preservação do corpo social, e autônoma, que assegura ao indivíduo liberdade plena de escolha e autodeterminação. Também, buscou-se delimitar o conteúdo desse princípio nas relações jurídicas existenciais, para em seguida, identificar e conceituar as categorias pertinentes ao estudo das decisões de fim de vida, mormente o suicídio assistido.

A investigação prossegue, em seu segundo capítulo, para examinar os direitos da personalidade, que tanto sob o enfoque constitucional quanto sob o enfoque privado, destinam-se a resguardar a dignidade da pessoa humana. O destaque aqui é para análise do caráter autônomo nas decisões ligadas às situações jurídicas existenciais, espaço decisório reservado apenas ao indivíduo, para escolher seu projeto de vida e pessoalidade.

Nesse capítulo é estudado o paternalismo jurídico como óbice para à escolha pelo suicídio assistido por *completed life*, abordando sua conceituação, classificações e posições doutrinárias acerca da justificação das ações paternalistas. Após, realiza-se uma incursão nos direitos dos idosos ao respeito, liberdade e dignidade, garantidos em documentos internacionais, bem como na Constituição Federal e legislação especial de proteção à pessoa idosa, como ferramentas para a efetivação do direito ao envelhecimento saudável e aplicação do princípio do seu melhor interesse. Aqui se faz o estudo dos casos do Direito Comparado, de David Goodall e Hélène Wuillemin.

No terceiro capítulo, o objetivo é analisar o projeto de lei holandês n. 35534, que trata da dispensação de medicamento letal (*completed life* pill) a idosos maiores de 75 anos que desejem ter acesso à morte digna com base no conceito de *completed life*. Para isso, o estudo faz uma incursão na exposição de motivos do projeto, realiza um retrospecto histórico do tema na Holanda, analisa aspectos constitucionais pertinentes ao debate e, por fim, tece considerações artigo a artigo.

A pesquisa foi realizada por levantamento bibliográfico, com consultas a livros, revistas, artigos, dentre outros. Sua abordagem é qualitativa e de caráter descritivo. O estudo tem natureza teórica e haverá compilação de leis, regulamentos e portarias relacionados ao tema pesquisado, como também estudo de dois casos do Direito Comparado nos quais se verifica o exercício da autodeterminação existencial nas decisões relacionadas ao fim de vida.

1
PRINCÍPIO DA DIGNIDADE DA PESSOA HUMANA E SEU CONTEÚDO AUTÔNOMO NAS DECISÕES DE FIM DE VIDA

1.1 PRINCÍPIO DA DIGNIDADE DA PESSOA HUMANA: EVOLUÇÃO CONCEITUAL, CONTEÚDO E DIMENSÕES

A Constituição Federal, em seu art. 1.º, III, destaca o princípio da dignidade da pessoa humana como um valor constitucional. De forma inédita, assinala os fundamentais objetivos do Estado brasileiro para efetivar, na prática, esse princípio fundante da República, se inferindo daí a preocupação acentuada do constituinte em assegurá-lo de forma primordial (PIOVESAN; DIAS, 2017).

Antes de adentrar no tema deste capítulo, importa relembrar que todo conceito jurídico tem uma história, e que para apreender seu sentido se faz necessário rastrear sua evolução até a formação do conceito jurídico contemporâneo. E não foi diferente com a dignidade humana que, ao longo dos tempos, sofreu importantes transformações e resulta do encontro de várias doutrinas construídas na cultura ocidental (BITTAR, 2010).

No pensamento filosófico da antiguidade, a dignidade do ser humano era atrelada à um conceito político, presente ou não a depender do pertencimento do indivíduo a certas classes sociais tidas como superiores, de forma que não era considerada atributo de todas as pessoas e se falava em quantificação da dignidade: existiam pessoas com maior, menor ou nenhuma dignidade, a exemplo dos escravos.

No mundo greco-romano, a dignidade assume dupla significação: aquela inata, e por isso mesmo, inerente à condição humana, existente pelo simples fato de ser homem e estar sujeitos às mesmas leis naturais; e a adquirida, ou sociopolítica, oriunda da posição social e política ocupada pelo indivíduo (BARROSO, 2016).

A influência da religião judaico-cristã na conceituação inicial é inegável. Passagens do antigo e novo testamento explicitam de forma clara a posição de relevância do homem no contexto da Criação. As menções feitas por Fábio Konder Comparato (2019, p. 31) à textos bíblicos comprovam a posição de destaque dada ao homem:

"a criatura humana ocupa uma posição eminente na ordem da criação, Deus lhe deu 'poder sobre os peixes do mar, as aves do céu, os animais domésticos, todas as feras e todos os répteis que rastejam sobre a Terra (Gênesis 1, 26)". Conceitos como a igualdade e a solidariedade também eram tratados nesses textos e foram indispensáveis na composição no sentido atual (SARLET, 2019).

Sob essa influência, por um longo período, a ideia de dignificação da natureza humana veio de sua semelhança com Deus. É do Papa Leão Magno a justificativa da dignidade humana, sustentada pelo fato de que Deus os criou à sua imagem e semelhança, ressaltando, ainda, que Deus, ao tornar-se homem por Jesus, dignificou a natureza humana (SANTOS, 2007).

A despeito de se sustentar por toda a idade média a concepção de dignidade vinda da inspiração cristã, o filósofo Boécio traz um novo conceito de pessoa, vinculando a dignidade à capacidade de autodeterminação, à possibilidade do homem, livre por natureza, ser senhor de sua própria vontade (SARLET, 2019).

Santo Agostinho (2011), além de exaltar a inteligência dada ao homem por Deus, infirma que sua superioridade permite a elevação acima dos animais da terra, das águas e do ar, desprovidos de um espírito deste gênero. Em suas Confissões, explora a riqueza espiritual e intelectual presente no interior do indivíduo. Já em São Tomás de Aquino (1978), antecipando o que viria em Kant, a superioridade do homem advinha de sua racionalidade e do livre arbítrio, tendo o filósofo cristão feito referência, inclusive, à expressão 'dignitas humana'.

Também Picco della Mirandola (2001), nos apresenta a dignidade do homem baseada em sua superioridade perante os demais seres, posicionando-a como expressão do uso do arbítrio próprio e da capacidade de modelar-se pela liberdade de escolha. Para o humanista do Renascimento, o homem possui natureza incompleta, que seria preenchida pelas decisões tomadas no uso de seu livre arbítrio (ZILLES, 2012).

Já neste período se percebe que o conceito vai se afastando do paradigma religioso para se aproximar, gradativamente, da concepção de que o ser humano é responsável por sua própria vida, pelos valores adotados e objetivos elegidos; o homem como motor propulsor do caminhar de sua existência, noção de dignidade que representou o embrião da concepção contemporânea notada nos modernos documentos de direitos humanos (ZILLES, 2012).

Importantes contribuições foram dadas pelos filósofos contratualistas do século XVIII, agregando à ideia de dignidade, uma formulação racional que trazia a liberdade moral do homem como seu traço distintivo. O Iluminismo também traz um elemento novo ao conceito de dignidade, o igualitarismo, que ressoou fortemente nos ideais da Revolução Francesa de liberdade, igualdade e fraternidade, no histórico artigo 1.º da Declaração dos Direitos do Homem e do Cidadão, de 1789: "Todos os homens nascem livres e iguais em direito" (SARMENTO, 2016).

O caráter igualitário da dignidade se fez presente na obra dos grandes filósofos iluministas, e foi citada, inclusive, como base do *contrato social* de Rousseau (2011), que deveria ser instaurado em regime de plena igualdade entre os cidadãos, pela igual participação na elaboração das leis e mesma submissão às normas estabelecidas.

Porém, foi apenas em Immanuel Kant (2007) que a conceituação de dignidade completa seu processo de secularização, ao se desvincular da concepção religiosa e se atrelar à racionalidade humana, concluindo que todo ser racional existe como um fim em si mesmo, e não para uso arbitrário de vontades. A capacidade de agir em conformidade com seus valores e com normas postas é tida como atributo de seres racionais, o que fundamenta, para Kant, a dignidade da natureza humana.

A visão kantiana se funda, principalmente, em três pontos: tratar uma pessoa como fim representa desrespeito à sua condição de ser racional, capaz de autodeterminação; o imperativo categórico representa uma interdição ao tratamento das pessoas apenas como meios, impedindo que, no exercício de sua autonomia, se valham umas das outras para atingir seus objetivos (contratos); e a impossibilidade do indivíduo de tratar a si próprio como objeto (SARMENTO, 2016).

Neste último ponto é que se funda a ideia do filósofo de que o homem é submetido a obrigações para consigo mesmo, vez que guarda em si toda a humanidade: "Ages de tal maneira que uses a humanidade, tanto na tua pessoa como na de qualquer outro, sempre e simultaneamente como fim e nunca simplesmente como meio" (KANT, 2007). O "ter dever consigo mesmo" de Kant reconhece o ser humano como livre, mas devedor de certas coordenadas de não liberdades que respeitam a humanidade através do respeito a si próprio. Neste ponto, a proposta deste estudo se distancia da doutrina de Kant, uma vez que, diferentemente do filósofo, considera válida a disposição de bens jurídicos ligados aos direitos da personalidade.

Ingo Sarlet (2019) afirma que, em certa medida, é na doutrina kantiana que se fundamenta a conceituação atual da dignidade da pessoa humana, como qualidade peculiar e insubstituível do homem. Pensamento também defendido por Barroso (2010) que a identifica como o imperativo categórico a renunciar qualquer perspectiva utilitarista do humano, capaz de fazer suas próprias escolhas porque reconhecido como ser racional. Em Kant, prevalece a supremacia do ser sobre o ter; as coisas têm preço, as pessoas, dignidade.

Na pré-modernidade, o caráter igualitário da dignidade, introduzido pela Revolução Francesa, perdeu um pouco de sua força diante do movimento capitaneado pela Igreja Católica, que reconhecia a diferenciação dos indivíduos a partir de seu papel predefinido na estrutura social, legitimando hierarquias sociais, sem negar, no entanto, a dignidade dos subalternos. No século XX, a visão católica resgatou a compreensão igualitária da dignidade, sobretudo após o Concílio Vaticano II, ocorrido entre 1962 e 1965 (ROSEN, 2012).

Após esta caminhada de transformações e evolução, foi apenas no pós-guerra que a preocupação com a garantia da dignidade passou a compor com maior força o discurso dos direitos humanos, tornando-se um dos grandes consensos éticos do mundo ocidental. Nesse momento histórico de reconstrução da ordem mundial após os horrores do fascismo e do nazismo, vários documentos internacionais proclamaram a dignidade da pessoa humana: a Carta da Organização das Nações Unidas (1945), a Declaração Universal dos Direitos Humanos (1948), a Convenção Interamericana de Direitos Humanos (1978), a Carta de Direitos Fundamentais da União Europeia (2000), entre outros (SARMENTO, 2016).

No âmbito interno, a declaração é seguida por diferentes países que reconheceram a dignidade da pessoa humana e os direitos fundamentais como atores do centro de sua ordem jurídica e social: Constituições alemã (1949), portuguesa (1976) e espanhola (1978), por exemplo, passaram a referir à dignidade humana como centro axiológico de seus sistemas jurídicos e fonte dos direitos materialmente fundamentais (BARROSO, 2010).

Christopher McCrudden (2008) destaca que, nos principais documentos contemporâneos internacionais de direitos humanos, a expressão 'dignidade humana' não apenas figura em seus preâmbulos, mas foi introduzida na parte substantiva dos textos. Na mesma esteira, Ingo Sarlet (2019)informa que, mesmo nas ordens constitucionais em que a dignidade não está expressamente reconhecida no direito positivo, o direito constitucional está assentado na indissociável vinculação entre dignidade humana, direitos humanos e direitos fundamentais.

Outro relevante enfoque da dignidade humana que não pode deixar de ser abordado nesta pesquisa diz respeito à correlação entre a qualidade de ser homem e a condição de ser pessoa. Apesar de, aparentemente, apresentarem-se como conceitos próximos, guardam diferenças que merecem registro (SÁ, 2015).

O conceito de pessoa passou por duas fases. Primeiro, representava apenas um *nomen dignitatis*, uma ideia estática, meramente teórica, que definia o que somos. Esta identificação é certa para todos: qualidade humana. A dignidade do ser humano, como sinal distintivo, é tutelada de forma generalizada, caracterizando-se como uma predeterminação jurídica, sempre numa perspectiva objetiva de qualidade atribuída a uma espécie, e por isso mesmo, incompatível com a pluralidade. Ser homem é uma propriedade que diferencia uma espécie das demais (DEL BARCO, 2010).

Na segunda fase, a visão de pessoa une a teoria à prática, abandonando a ideia estática para se tornar dinâmica, na medida em que ser humano não é o mesmo que ser o João ou a Maria. A condição de ser pessoa vai além e requer a tutela jurídica do processo que implica ser pessoa. Aqui tratamos não do que somos, mas de quem somos. Se o que somos é sempre geral e certo (humanos), quem somos (pessoas) é sempre específico e singular.

Tutelar a dignidade do ser humano apenas sob o enfoque geral inevitavelmente conduzirá a incongruências nos dilemas sociais. É que a dignidade não se realiza apenas como qualidade intrínseca do ser humano. Ela muito mais se concretiza no processo de ser pessoa. Sob este enfoque, a dignidade apenas poderia ser encontrada no caso concreto, a partir da análise de uma situação particular que revelaria a melhor forma para sua tutela. Ao Direito não é suficiente afirmar que um ser é humano, é necessário reconhecer com o mesmo afinco o ser pessoa, que vai além de ser apenas humano (SÁ, 2015).

Estas duas perspectivas se mostram pertinentes neste estudo porque em casos ligados à morte digna e fim de vida, a dignidade que deverá ser preservada não é aquela geral ligada à qualidade de ser humano, mas a outra, que é encontrada considerando o desenvolvimento pessoal da personalidade, as peculiaridades que tornam aquela pessoa ela mesma, suas circunstâncias, valores e experiências únicas.

Nesse contexto, a mesma situação, por exemplo, o suicídio assistido por *completed life*, pode vir a integrar o projeto de pessoalidade de alguém, e deverá ser tutelada porque, neste caso, a dignidade será protegida no respeito à escolha subjetiva assumida pela pessoa (SÁ, 2015). Da mesma forma, um projeto ligado à ideia do suicídio assistido que não componha o ideal de "vida boa" de alguém poderá representar, para este último, uma afronta à sua dignidade.

Após esse breve histórico da origem e desenvolvimento do conceito de dignidade da pessoa humana, é possível perceber a influência das doutrinas filosóficas e religiosas, os aspectos sociais e culturais que moldaram o conceito contemporâneo adotado pela comunidade internacional. A partir dessa formulação atual, se identifica, de modo geral, dimensões da dignidade que merecem ser destacadas.

Em sua dimensão ontológica, o princípio da dignidade da pessoa humana identifica um espaço de integridade moral assegurado a todas as pessoas por sua só existência no mundo. Na acepção mais intrínseca, significa que toda pessoa é um fim em si mesma e reúne um conjunto de valores civilizatórios, que por sua relevância, integraria o patrimônio da humanidade. O conteúdo jurídico do princípio vem associado aos direitos fundamentais, envolvendo aspectos dos direitos individuais, políticos e sociais (BARROSO, 2001).

Há que realçar também a dimensão relacional da dignidade da pessoa humana, que leva em conta a pluralidade e a intersubjetividade entre os seres humanos. A compreensão da dignidade passaria necessariamente pela perspectiva comunicativa entre as pessoas, que através da consideração mútua demonstrariam respeito, não apenas àquela dignidade inerente a cada ser humano, mas à dignidade dita comum, porque própria a todos enquanto coletividade.

É de Harbemas (2004) a afirmação de que a dignidade está intimamente ligada à simetria nas relações humanas, pautada pela reciprocidade e respeito, chegando a defender que a dignidade acontece no encontro humano. Também Pérez Luño

(1995) sustenta esta dimensão subjetiva da dignidade que toma o ser humano em correlação com os demais, rejeitando o homem limitado à sua esfera individual.

Hannah Arendt (2009) também alerta para o aspecto relacional da dignidade humana, afirmando que o homem isolado continua sendo homem, porém ao separar-se do espaço público, perde a possibilidade de confirmar sua identidade, uma vez que a pessoa se reconhece na medida em que, por comparação com outro, se assemelha ou difere. Na filosofia arendtiana, são as relações estabelecidas no espaço público que representam a atividade dignificadora do ser humano.

Alcança destaque, ainda, a dimensão ecológica ou ambiental da dignidade, que propõe uma crítica à visão ocidental fundamentalmente antropocêntrica. Hoje já se questiona o caráter restritivo de seu conceito, que apenas inclui o humano, excluindo qualquer noção de dignidade que possa ser atribuída a outras formas de vida, sabidamente sencientes. O meio ambiente é reconhecido como valor fundamental, não apenas para preservação da vida humana, mas também para a proteção de todos os recursos naturais e formas de vida existentes no planeta (SUNSTEIN, 2003).

No tocante a esta visão inclusiva e ampliada da dignidade, também chamada de biocêntrica, vale citar a Constituição Federal da Suíça, que reconhece de forma expressa o animal como cocriatura, ser vivo e senciente, impondo ao Estado o dever de respeitar a dignidade do homem, dos animais e do meio ambiente (GERRITSEN, 2015).

A tendência contemporânea de uma proteção constitucional da fauna, flora e recursos naturais remete à ideia de patrimônio ambiental, e aponta para o reconhecimento de um valor intrínseco à natureza, numa concepção inclusiva de dignidade, que permita a proteção da vida não humana contra atos de crueldade e indignidade praticados pelo homem (MEDEIROS, 2013).

Há mais duas dimensões da dignidade a serem consideradas, a dimensão negativa, reconhecida como um sinal de pare, uma barreira para a sociedade e para o Estado que não poderá ser transposta sob pena de violação da autonomia e individualidade da pessoa; e a dimensão prestacional, dirigida ao Estado no sentido de preservação e promoção da dignidade por meio de ações públicas (SARLET, 2019).

Por fim, Fabien Bottini (2013, p. 102) traz à baila a dimensão esquizofrênica da noção de dignidade, que permite seu uso para todos os fins, servindo de alicerce para posições antagônicas e ambíguas:

> a dignidade às vezes é um direito oposto a outros (Estado ou particular) e às vezes um direito oposto a si mesmo, porque às vezes um direito subjetivo que beneficia individualmente cada um como ser humano, e às vezes uma obrigação objetiva que pesa coletivamente sobre cada membro da espécie humana. (livre tradução)[1]

---

1. "La dignité serait tantôt un droit opposable à autrui (État ou particulier) et tantôt un droit opposé à soi-même car tantôt un droit subjectif bénéficiant individuellement à chacun en tant qu'être humain et tantôt une obligation objective pesant collectivement sur chaque membre de l'espèce humaine."

Suzan Millns (2002), demonstrando a mesma preocupação de Bottini, alerta para esse perigo, já que a elasticidade do discurso da dignidade tem a capacidade de conduzir a diversas direções, podendo ser invocado por todos os protagonistas para justificar todos os resultados possíveis. Nessa esteira, em texto escrito no início da década de 90, Roberto Barroso manifestou ceticismo em relação à utilidade do princípio da dignidade da pessoa humana na concretização dos direitos fundamentais, devido à sua baixa densidade jurídica (BARROSO, 1993).

Avançando no tema, se percebe um único consenso de fato existente quando se trata de dignidade, que é a sua vinculação aos direitos humanos e fundamentais. O acordo existente quanto ao termo 'dignidade da pessoa humana' não alcança a controvérsia quanto ao seu conteúdo, permanecendo polêmica a sua compreensão na ordem jurídica (AZEVEDO, 2002). A despeito disso, é importante um balizamento mínimo do conteúdo jurídico deste princípio constitucional, pois sem elementos que permitam identificá-lo, o superprincípio pode se esvaziar ao servir de argumento para qualquer lado que se queira defender.

Gonzalez Perez (2011), da mesma forma, leciona que o alto grau de subjetividade do conteúdo jurídico do princípio da dignidade ou sua natureza de princípio de categoria axiológica aberta não podem representar uma renúncia à árdua tarefa de construção de um conceito que seja referencial para a sua concretização, prestigiando assim a segurança jurídica. A própria coibição de eventuais violações à dignidade necessita de claridade quanto ao que por ela se entende.

E há que se considerar ainda, quando se analisa a dificuldade de encontrar um conteúdo universal para a dignidade da pessoa humana, a sua contextualização histórico-cultural, como bem alerta Dworkin (2009), afinal, as especificidades culturais, em muitos casos, legitimam atos enraizados na prática social de certas sociedades que, pela maior parte da humanidade, são considerados degradantes, a exemplo da permissão, em alguns países, de mutilações genitais de mulheres e a prática da pena de morte.

Certo é que não se pode apontar para um conceito fechado e totalmente determinado, uma vez que em sociedades democráticas contemporâneas, a pluralidade de valores impõe um ritmo de construção e desenvolvimento aos conceitos jurídicos que só podem ser analisados dentro de um contexto sociocultural. O que se busca é a definição mínima, e ainda assim, qualquer conceituação proposta não esgotará o tema em toda sua dimensão.

A Constituição brasileira confere uma unidade de concordância prática ao sistema dos direitos fundamentais, alicerçada na dignidade da pessoa humana, na concepção que faz a pessoa fundamento e fim da sociedade e do Estado (MIRANDA, 2000).

Para Sarlet (2019), a dignidade da pessoa é a reunião de deveres e direitos capazes de assegurar ao ser humano um mínimo existencial que lhe garante uma vida saudável e propícia ao seu desenvolvimento, rechaçando qualquer investida de caráter degradante. É atributo inerente a todo ser humano que o faz merecedor de respeito por parte do Estado e da sociedade. Jabur (2020, p. 459) aborda a dignidade da pessoa humana como termômetro de aplicação do direito:

> valor supremo que dita e limita o alcance de todo e qualquer direito, norma ou princípio. A dignidade não tem gradação (CF, art. 1°, III). Inexiste indigno no tecido jurídico. Pertence à razão pura, porque transcende, preexiste. Tal é a bússola, que ao seu operador indica o norte, qual é a dignidade, que ao intérprete mostra a trilha axiológica correta.

É na dignidade da pessoa humana, valor supremo de alicerce do estado democrático, que se constitui a ordem jurídica, alcançando ela todos os setores desta mesma ordem, daí advindo toda a dificuldade de se delinear seus contornos (MORAES, 2017). Como norma jurídica é dotada de coercitividade e imperatividade, capaz de submeter ordenamento jurídico inferior às suas disposições expressas e aos valores consagrados em seu bojo (CANOTILHO, 1989).

Na lição de Vilhena (2017), o princípio da dignidade tem como ponto de referência a esfera de proteção da pessoa enquanto fim em si, ao mesmo tempo em que repele toda e qualquer utilização do ser humano como objeto para consecução de interesses de terceiros ou uso arbitrário de vontades. Essa ideia de dignidade que rechaça a instrumentalização do humano é também expressa por Ronald Dworkin (2009), ao prestigiar a importância distintiva de cada vida na medida em que ninguém pode ser colocado em situação de desvantagem em prol de outrem.

Por óbvio que, em certos casos, esta 'instrumentalização' não representará degrado na condição humana, situações em que se presta serviço a alguém em funções sociais em geral. O que a dignidade veda é a disponibilização e coisificação do outro unicamente como meio para atingimento de um fim. Em linhas gerais, mas elucidativas, Ingo Sarlet (2019, p. 40) descreve como se pode identificar a presença da dignidade da pessoa humana:

> O que se percebe, em última análise, é que onde não houver respeito pela vida e pela integridade física e moral do ser humano, onde as condições mínimas para uma existência digna não forem asseguradas, onde não houver limitação do poder, enfim, onde a liberdade e a autonomia, a igualdade (em direitos e dignidade) e os direitos fundamentais não forem reconhecidos e minimamente assegurados, não haverá espaço para a dignidade da pessoa humana, e esta (a pessoa), por sua vez, poderá não passar de mero objeto de arbítrio e injustiças.

O princípio da dignidade da pessoa humana tornou-se condutor de interpretação da legislação em geral, e nesse ponto, cabe curta menção ao movimento da constitucionalização do direito civil pelos grandes impactos que trouxe à interpretação da legislação privada no Brasil e no mundo.

Direito constitucional e direito civil permaneceram apartados por muito tempo. Com a Revolução Francesa, coube papel diferenciado a cada um. Ao direito constitucional (Constituição de 1791) coube regular as relações entre o Estado e os cidadãos, e as normas lá previstas dependiam do poder legislativo para serem concretizadas, portanto a Constituição não possuía força normativa própria. Ao direito civil (Código Civil) coube reger as relações entre particulares, com destaque para a proteção da propriedade e a liberdade de contratar (BARROSO, 2010).

Ao longo do século XX, as significativas mudanças nas relações sociais mundiais, com o surgimento do Estado social e da percepção da desigualdade material entre as pessoas, a ordem mundial reclamou uma nova perspectiva de interpretação das leis privadas e foi necessário superar o individualismo e a exacerbada autonomia da vontade. Nessa fase, o direito civil começa a receber influências das normas públicas, culminando na relativização das normas do código civil diante do texto constitucional – publicização do direito privado.

Em fase seguinte, a Constituição Federal se torna o centro do ordenamento jurídico e se converte em filtro de interpretação da legislação civil. A constitucionalização do direito civil passou a interpretar institutos historicamente afeitos à seara privada segundo os nossos mandamentos constitucionais, realçando a primazia dos valores da Constituição na disciplina civil. Nesse viés, a dignidade da pessoa humana passou a irradiar seus efeitos para todo ordenamento jurídico alterando o paradigma interpretativo das leis.

Fixadas, nesse estudo, balizas mínimas sobre evolução histórica, conceito e conteúdo do princípio da dignidade da pessoa humana, partimos para analisar duas das principais dimensões deste princípio, necessárias para a construção desta pesquisa: sua dimensão social ou heterônoma e sua dimensão individual ou autônoma.

A primeira envolvendo a atuação estatal, ligada às políticas públicas, onde o Estado, a sociedade e o Legislativo determinam o que é a dignidade da pessoa humana. Na segunda, de caráter individual, o conteúdo passa a ser ditado pelo sujeito de direito, que se autodetermina segundo suas escolhas.

1.2 DIMENSÃO HETERÔNOMA E AUTÔNOMA DA DIGNIDADE

Como dito, passamos a explanar dois primordiais enfoques dados ao princípio da dignidade da pessoa humana: enfoque social e enfoque individual. As dimensões social e individual da dignidade são também assim referidas: dignidade como heteronomia e como autonomia (KANT, 2007).

No plano heterônomo, a dignidade é compreendida a partir dos valores compartilhados pela comunidade, visam o bem comum e devem ser postos acima de escolhas individuais. Pouco importa a ideia de dignidade cultuada pela pessoa individualmente considerada. Ela poderá sofrer limitações em nome da ordem e interesses públicos que também matizam o conteúdo desta dignidade (VILHENA, 2017).

Nessa acepção, a perspectiva da pessoa não possui valor, porque a dignidade age como força externa e leva em consideração padrões civilizatórios vigentes e ideais sociais considerados como bons. O conceito de 'dignidade como heteronomia' não atua para proteger a pessoa, mas para refrear a liberdade individual em nome dos valores elegidos coletivamente (BARROSO; MARTEL, 2010).

Pode-se extrair desta concepção de dignidade que a liberdade não a integra. Pelo contrário. A dignidade aqui age como uma força de contenção à liberdade do indivíduo a impedir condutas individuais violadoras da própria dignidade do agente, da dignidade de outros ou de certos valores da sociedade como um todo. Percebemos que o conteúdo heteronomista da dignidade privilegia e protege a moralidade coletiva.

Na perspectiva da dignidade da pessoa humana como limite à liberdade, a sociedade está autorizada a recorrer ao direito penal para coibir comportamentos autorreferentes que possam impactar moralmente o grupo social (BARROSO; MARTEL, 2010). Nesse enfoque, a livre escolha é irrelevante, uma vez que a dignidade se torna um valor objetivo que transpõe a esfera pessoal do indivíduo e deve ser protegida, não por ele, mas a despeito dele (BEYLEVELD; BROWNSWORD, 2004).

São exemplos da dignidade como heteronomia as decisões sobre o famoso arremesso de anões, na França (LONG et al., 1996), e sobre as relações sexuais sadomasoquistas consentidas, na Bélgica e Reino Unido (UNITED KINGDOM, 1993). Em ambos os casos, prevaleceu a dignidade da pessoa humana como limite à liberdade, em sua visão heteronomista. Ao analisar o caso do arremesso de anões, Oscar Vieira Vilhena (2017, p. 64), assim afirma:

> Embora a dignidade esteja intimamente associada à ideia de autonomia, da livre escolha, ela não se confunde com a liberdade no sentido mais usual da palavra – qual seja, o da ausência de constrangimentos. A dignidade humana impõe constrangimentos a todas as ações que não tomem a pessoa como fim. Esta a razão pela qual, do ponto de vista da liberdade, não há grande dificuldade em se aceitar um contrato de prestação de serviços degradantes. Se o anão decidiu, à margem de qualquer coerção, submeter-se a um tratamento humilhante em troca de remuneração, qual o problema? De fato, da perspectiva da liberdade não há problema algum. A questão é se podemos, em nome de nossa liberdade, colocar em risco nossa dignidade. Colocada em termos clássicos, seria válido o contrato em que permito a minha escravidão? Da perspectiva da dignidade, certamente não.

Observa-se que os dilemas morais e jurídicos nessa seara exigem a escolha de uma perspectiva de análise para a solução do problema, que a depender da escolha, pode conduzir o impasse a soluções opostas. Aliás, em várias partes do mundo, as decisões judiciais fundadas na dignidade da pessoa humana enfrentam a clássica oposição entre a visão restritiva de direitos e a visão protetiva de direitos. As Cortes que impuseram limites à direitos fundamentais o fizeram em nome da coletividade, afirmando, em muitos casos, a impossibilidade da própria pessoa dispor de sua dignidade (MCCRUDDEN, 2008).

Em alguns documentos sobre bioética, como a Convenção Europeia de Direitos Humanos e Biomedicina e a Declaração Universal do Genoma Humano e Direitos Humanos, da UNESCO, a expressão dignidade humana trata mais de limitar a liberdade em nome de valores compartilhados, ou seja, tende à dignidade como heteronomia. Ressalte-se, porém, que a Declaração Universal de Bioética e Direitos Humanos, também da UNESCO, de 2005, é texto posterior aos citados acima e correlaciona a dignidade humana à autonomia com mais intensidade.

A despeito de carregar consigo a ideia de preservação do corpo social, a dignidade a partir da heteronomia, em muitos casos, acaba por chancelar políticas paternalistas e enfraquecer os direitos fundamentais. Outra inconsistência desta perspectiva é a dificuldade natural em se definir os valores compartilhados pela comunidade que poderão merecer este tipo de tutela do Estado. Numa sociedade plural, a definição de valores é por si tarefa laboriosa (BARROSO; MARTEL, 2010).

Assim, a dignidade heteronomista representa uma concepção de mundo que não considera qualquer julgamento pessoal, atuando mesmo como restrição à ideários individuais de vida, para defender valores e convicções coletivas e compartilhadas que se justificam na busca da preservação da sociedade e para o aprimoramento moral do homem.

Já a dimensão da dignidade como autonomia, que passamos agora a estudar, é a concepção mais recente do conteúdo do princípio da dignidade da pessoa humana e está presente em inúmeras constituições do pós-guerra, justificando os direitos humanos e fundamentais. A ideia de dignidade como autonomia ganha especial relevo para os objetivos desse trabalho, uma vez que o tema morte com intervenção está no âmbito das discussões acerca dos direitos humanos e fundamentais (BARROSO; MARTEL, 2010).

Pressuposto inafastável para o exercício desta dignidade autonomista é a capacidade de autodeterminação que deverá atingir todos os aspectos e vertentes da vida humana, atraindo para si a tutela do ordenamento jurídico justo por concretizarem valores constitucionais máximos. Em essência, a dignidade como autonomia é o poder de fazer escolhas e assumir consequências. É o espaço destinado à decisões acerca da própria vida do indivíduo, onde o sujeito moralmente capaz se desloca de forma livre para traçar seu projeto existencial (SARLET, 2007).

No dizer de Barroso e Martel (2010), decisões sobre a própria vida de uma pessoa, escolhas existenciais sobre religião, casamento, ocupações e outras opções personalíssimas que não violem direitos de terceiros não podem ser subtraídas do indivíduo, sob pena de se violar sua dignidade. Nessa seara, deve-se preservar a liberdade das pessoas quanto a atos autorreferentes. A autonomia é o fundamento do livre arbítrio dos indivíduos que lhes permite buscar o seu ideal de bem viver.

Outro requisito para o exercício da dignidade como autonomia diz respeito ao aspecto material da dignidade da pessoa humana, isto é, às condições mínimas para o exercício da autodeterminação, ligada à ideia do mínimo existencial, composto por um conjunto de bens elementares para a subsistência física e usufruto da liberdade. Aquém daquele patamar, poderá haver qualquer coisa, mas não dignidade. Estas prestações mínimas convergem para uma lista que inclui, por certo, renda mínima, saúde básica, educação fundamental e acesso à justiça (BARROSO, 2001).

Ana Paula de Barcellos (2011), sobre o mínimo existencial aqui tratado, consignou que uma proposta de concretização do mínimo existencial, tendo em conta a ordem constitucional brasileira, deverá incluir os direitos à educação fundamental, à saúde básica, à assistência no caso de necessidade e ao acesso à justiça. Vencidos os requisitos de capacidade para se autodeterminar e presença do mínimo existencial, estarão criadas as condições necessárias para o exercício da dignidade na sua vertente autonomista.

É frequente a identificação da dignidade com a habilidade humana de autodeterminação, capacidade individual de fazer escolhas autônomas que devem ser respeitadas por representarem a autonomia moral do indivíduo. Numa sociedade pluralista e democrática, coexistem diversos projetos de vida divergentes que reclamam convivência harmoniosa.

Trazendo o debate quanto à dignidade heteronomista e autonomista para o panorama brasileiro, percebe-se que há, na Constituição, uma ênfase nas liberdades e direitos individuais e garantias procedimentais, que se justifica diante de seu contexto histórico pós-ditatorial e, portanto, intervencionista. A Constituição Federal desejava romper com a proposta anterior e tendeu a valorizar as conquistas recém adquiridas e oriundas da nova democracia.

Apesar de algumas expressões coletivas no texto constitucional, tais como 'bem de todos' e 'erradicação da pobreza', que revelam um valor social e moral comum a ser perseguido pela sociedade, denotando aqui a opção pela dignidade heteronomista, é possível perceber a presença predominante da ideia da dignidade autonomista (BARROSO; MARTEL, 2010).

A perspectiva da dignidade como autonomia é fundada na liberdade, que segundo Ana Carolina Brochado Teixeira (2010, p. 90), permite ao indivíduo elaborar seus projetos e viver suas próprias singularidades, segundo sua concepção do que seja liberdade. O respeito às diferenças individuais, pelo Estado e pelas pessoas, é o marco do pluralismo, que assegura a soberania das decisões pessoais afetas apenas ao íntimo do ser humano.

Nessa seara encontram-se as decisões de fim de vida. O indivíduo, se não agride a ordem jurídica nem atenta contra direito de terceiros, tem poder sobre sua própria vida e morte. A intervenção do Estado à revelia da pessoa parece atentar contra a sua dignidade. Maria Celina Bodin de Moraes (2014, p. 794) destacou a estreita ligação entre autonomia e dignidade nas decisões pessoais, ao afirmar que:

> O conteúdo da liberdade individual, no que se refere às decisões pessoais, é um espaço, uma possibilidade de escolha que pode se expressar em modos variados: é liberdade tanto a possibilidade de realizar tudo o que não é proibido, como a exigência de não-intervenção na vida privada do indivíduo, ou ainda a possibilidade de autodeterminação ou obediência a si mesmo

(isto é, a seu próprio regulamento). Dizer que ninguém pode determinar a vida alheia é o mesmo que dizer que só a pessoa tem o poder de se autodeterminar no que se refere à sua vida privada.

Assim, uma vez posto que o ser humano é digno e deve exercer a sua dignidade ao longo da vida, têm-se condições para discutir a ideia de uma morte digna. As oposições à livre escolha quanto aos temas ligados à morte remetem inexoravelmente ao direito à vida, que de fato é especial e representa um consenso que compõem a dignidade humana nas sociedades ocidentais, porém não é absoluto.

Tratando de dignidade como autonomia e de autodeterminação nas questões pessoais, Rodotà (2018, p. 141) as identifica como o núcleo da existência do homem, impondo a necessidade de respeito. Aqui, o autor defende que o Estado, ao permitir a existência deste espaço de exercício da autodeterminação, não está fazendo uso de autolimitação de seu poder, mas operando verdadeira transferência de soberania ao indivíduo, que se torna soberano ao decidir sobre sua própria vida:

> Nenhuma vontade externa, mesmo aquela expressa em uníssono por todos os cidadãos ou por um Parlamento unânime, pode tomar o lugar da vontade do interessado. Estamos diante de uma espécie de nova declaração de habeas corpus, diante de uma autolimitação do poder. O corpo intocável torna-se salvaguarda de uma pessoa humana perante a qual, "em nenhum caso", se pode faltar com o respeito.

Afirma, o professor italiano, que há um espaço decisório próprio do indivíduo, atrelado às decisões afetas à sua personalidade, chamado por ele de espaço *indecibile per il legislatore*, um ambiente delimitado pelo constituinte para o exercício da autonomia privada do indivíduo (RODOTÀ, 2008).

A respeito do aborto, por exemplo, o jurista rechaçou a ideia da mulher como recipiente à disposição do legislador sem que sua vontade seja levada em conta, numa atitude legislativa que é fruto de regressão cultural que aprisiona a mulher, como se ela não fosse responsável para manifestar seu direito a uma escolha livre e individual.

Ele prossegue afirmando que o ser humano deve ter liberdade para decidir acerca dos assuntos ligados à sua autonomia existencial e suas escolhas subjetivas. A morte, afinal, pode estar inserida nesse projeto de pessoalidade e ao Direito cabe reconhecer e efetivar tais escolhas. Nessa seara, a atuação política representaria verdadeira invasão (RODOTÀ; MARTINI; FERRARA, 2008, p. 142):

> A liberdade de consciência deve sempre ser levada em consideração. Mas, na realidade, nos chamados assuntos eticamente sensíveis que dizem respeito a decisões individuais, a liberdade de consciência que deve ser respeitada é a da pessoa que precisa tomar a decisão. O ponto chave não é a liberdade de consciência do político, mas o fato de que a lei não pode expropriar a liberdade de consciência de cada um de nós. E isso é um limite para a invasão da política e o uso proibicionista da lei. Além disso, também é evidente que a política perde seu senso de grande debate público e é privatizada, e isso também é um sintoma de regressão cultural. A comparação entre as ideias abre caminho para o entrincheiramento na torre de marfim da própria consciência, que não é respondido nem pela política nem pela comunidade.

Assim, a dignidade perseguida pelo operador e intérprete do direito no nascer e no viver deve ser perseguida também no morrer, porque todos estes estágios constituem faces da existência humana que deve ser protegida em sua inteireza.

O espaço *indecibile per il legislatore* de Rodotà parece guardar certa semelhança com as questões ético-existenciais de Nuno Manuel Pinto Oliveira (2002). O professor português, ao analisar o princípio do discurso de Habermas, situa as questões éticas numa perspectiva egocêntrica relacionada com a história do próprio indivíduo. Aprofundando um pouco mais, o autor informa que as razões éticas alcançam as questões ético-existenciais e ético-políticas, referindo-se as primeiras às opções atinentes ao plano de vida de cada um, e as segundas, às escolhas de uma comunidade.

Assim, as questões ético-existenciais de Oliveira (2002, p. 90) representam "a apropriação consciente e autocrítica da minha vida, de assumir responsavelmente a [minha] própria e pessoal história em toda a sua insubstituibilidade e contingência." A partir desta ideia, o autor revela o nexo existente entre as razões ético-existenciais e a autonomia, uma vez que é nesta seara existencial que o direito geral de personalidade oferece sua mais forte tutela, negando ao legislador o poder de interferência.

O Judiciário brasileiro já há muito enfrentou o tema da autonomia do indivíduo para decidir sobre questões existenciais, confirmando a tendência acima mencionada, de que a Constituição brasileira deu ênfase às liberdades e direitos individuais e valorizou as novas conquistas oriundas da nova democracia.

O Supremo Tribunal Federal, no julgamento do Recurso Extraordinário n. 670.422, com repercussão geral reconhecida, discutiu a alteração de gênero no registro civil de transexual sem a necessidade de realização de cirurgia. No julgamento ressaltou-se a relevância da tutela do ser humano e a imperatividade do reconhecimento do direito ao desenvolvimento pleno da personalidade, tutelando-se os conteúdos mínimos que compõem a dignidade do ser humano, sua conformação interior e sua capacidade de interação social e comunitária.

O julgado rechaça qualquer óbice jurídico à liberdade do ser humano, pressuposto inarredável para o desenvolvimento da personalidade humana. Importante trecho da decisão revela o papel de mínima intervenção que deve ter o Estado diante de questões pessoais e subjetivas relativas à personalidade humana: "nessa seara, ao Estado incumbe apenas o reconhecimento da identidade de gênero; a alteração dos assentos no registro público, por sua vez, pauta-se unicamente pela livre manifestação de vontade da pessoa que visa expressar sua identidade de gênero" (BRASIL, 2018).

Outro exemplo, não muito recente, mas nem por isso menos importante, de manifestação da Corte Suprema brasileira acerca do direito à autonomia e liberdade como pressupostos da dignidade humana, e em última análise, da busca pela felicidade, se deu no julgamento da ADI n. 4277/DF, de relatoria do Ministro Ayres Britto. O julgado equiparou a união estável entre casais homossexuais e heterossexuais, reconhecendo o direito à liberdade sexual como expressão da dignidade humana, aqui entendida em seu contexto autônomo.

A decisão paradigmática colocou o Brasil como primeiro país a reconhecer a união estável homossexual por meio de decisão judicial. Em 2018, os acórdãos foram certificados pela Unesco como patrimônio documental da humanidade e inscritos no Registro Nacional do Brasil do Programa Memória do Mundo da Unesco (BRASIL, 2011).

Na mesma esteira, o Supremo julgou o Habeas Corpus n. 124.306, de relatoria do Ministro Roberto Barroso, que julgou inconstitucional a incidência do tipo penal do aborto no caso de interrupção voluntária da gestação no primeiro trimestre. A decisão afirma que tal criminalização é incompatível com vários direitos fundamentais, dos quais destaco o direito à autonomia da mulher fazer escolhas acerca de questões existenciais, mais uma vez demonstrando que o Supremo, no que diz respeito à vida privada, dá primazia ao princípio da dignidade da pessoa humana em seu conteúdo autônomo (BRASIL, 2017).

Assentadas as premissas acerca da dignidade da pessoa humana e de seu conteúdo autônomo nas situações existenciais, a questão que exsurge, no contexto deste trabalho, diz respeito ao direito de optar pelo fim da vida, interrompendo o processo de envelhecimento por meio do suicídio assistido. A dignidade autonomista poderia fundamentar as escolhas pessoais relativas à morte? Antes de enfrentar do problema propriamente dito, é necessário identificar e conceituar as categorias pertinentes ao estudo das decisões de fim de vida.

1.3 DECISÕES DE FIM DE VIDA: EUTANÁSIA, DISTANÁSIA, MISTANÁSIA, ORTOTANÁSIA, CUIDADOS PALIATIVOS E SUICÍDIO ASSISTIDO

Antes de abordar as decisões de fim de vida, deve-se buscar sua definição conceitual para entendimento de um tema que por si já é complexo. Assim é conveniente identificar as categorias pertinentes ao estudo aqui realizado: eutanásia, distanásia, mistanásia, ortotanásia e suicídio assistido. Este último, objeto específico deste estudo.

O termo eutanásia foi criado pelo filósofo inglês Francis Bacon, no século XVII, e etimologicamente significa boa morte, *eu* (boa), *thanatos* (morte), podendo ser chamada também de morte piedosa, morte benéfica, homicídio piedoso. Eutanásia e a ação do médico que fornece uma morte pacífica e tranquila ao doente que não tem mais esperança (HOTTOIS; PARIZEAU, 1993).

Ao longo da história, muitos povos atribuíram algum valor social à eutanásia. Os espartanos exterminavam os recém-nascidos deformados porque acreditavam que não estavam aptos para a vida. Na Índia antiga, as pessoas que sofriam de doenças incuráveis eram atiradas no Ganges. Na Idade Média, para antecipar a morte de guerreiros gravemente feridos ou evitar o sofrimento prolongado da morte, guerreiros usavam um punhal chamado misericórdia (SÁ, 2001).

A eutanásia é um conceito dinâmico influenciado diretamente pela cultura de certo povo e/ou momento histórico. Assim também a sua aceitabilidade muda ao longo do tempo, tanto que a eutanásia já foi justificada pela benevolência do ato, quando a intenção do agente era apenas aliviar o sofrimento, como também já serviu de mote para condutas eugênicas e de purificação da espécie, que visavam senão a liberação da sociedade (VILLAS-BOAS, 2017). Endossando este entendimento, Maria de Fátima Freire de Sá (2001) afirma que a visão e aceitação da eutanásia depende muito do contexto histórico-cultural no qual está inserida, podendo ser recriminada num dado momento e totalmente aceita em outro.

Borges (2001) lembra que em sua origem, o termo eutanásia era, na verdade, associado à morte doce e suave, sem dor, portanto ligada mais ao conceito de simples analgesia que à ideia de morte provocada ou antecipada.

A eutanásia é a ação médica intencional de apressar ou provocar a morte de uma pessoa que se encontre em situação de padecimento irreversível, com exclusiva finalidade benevolente. É aquele ato em virtude do qual uma pessoa dá morte à outra, enferma incurável, a seu rogo ou requerimento e sob influência do sentimento de piedade e humanidade (BIZATO, 1990).

Maria de Fátima Freire de Sá e Diogo Luna Moreira (2015) afirmam, atualmente, que a nomenclatura eutanásia é conceituada como ação médica que visa abreviar a vida de pessoas. É a ação ou omissão do médico realizada a pedido do paciente, portanto com o seu consentimento, com o objetivo de abreviar a sua vida diante de grave sofrimento decorrente de doença sem perspectiva de melhora. Ao longo do tempo consagrou-se o termo para indicar a morte provocada, antecipada, por compaixão diante do sofrimento daquele que se encontra irremediavelmente enfermo e fadado a um fim lento e doloroso (VILLAS-BOAS, 2017).

Em nosso ordenamento parece haver pontos comuns para conceituar a eutanásia: o pedido do enfermo, a provocação da morte e a motivação piedosa. O pedido, contudo, não elide a ilegalidade da conduta de acordo com a disciplina brasileira atual, que ainda se apega à uma suposta indisponibilidade do direito à vida. Não se exige, no Brasil, que a conduta seja praticada por médico (VILLAS-BOAS, 2017).

Do outro lado da eutanásia está a distanásia, que do grego significa mau morte, *dys* (mau) e *thanatos* (morte). A distanásia é a negação da morte, o prolongamento artificial da vida pelo uso da tecnologia aplicada à medicina, sem benefícios e com grande sofrimento ao indivíduo. A prática poderia ser denominada como prolongamento do processo de morte, uma vez que a vida biográfica do sujeito muitas vezes já não existe mais, restando apenas a vida biológica (DADALTO; SAVOI, 2017).

Apesar de distanásia, tratamentos fúteis e obstinação terapêutica serem muitas vezes tratados como sinônimos, vale destacar a diferenciação citada por Araújo

(2018), que utiliza o termo futilidade geralmente para designar tratamentos médicos inúteis; distanásia, para destacar o tempo da morte além do natural; e obstinação terapêutica quando se quer ressaltar a atuação equivocada da equipe médica(ARAUJO, 2018).

Maria Elisa Villas-Boas (2017) define distanásia como o processo de morte dolorido e sem conforto, com a utilização e até abuso de recursos que apenas infligirão sofrimento ao paciente, sem lhe reverter nenhum benefício. A conduta é vedada pelo código de ética médica que, em seu art. 41, parágrafo único, assim preleciona: "Nos casos de doença incurável e terminal, deve o médico oferecer todos os cuidados paliativos disponíveis sem empreender ações diagnósticas ou terapêuticas inúteis ou obstinadas, levando sempre em consideração a vontade expressa do paciente ou, na sua impossibilidade, a de seu representante legal".

A despeito da vedação deontológica, a distanásia tornou-se problema ético de primeira grandeza à medida que o progresso técnico-científico passou a interferir, de forma decisiva, nas fases finais da vida humana, prolongando penosa e inutilmente o processo de agonizar e morrer. A cultura ocidental pós-moderna, extremamente ligada à tecnomedicina, conduz o médico à insistência na administração de tratamentos fúteis (PESSINI, 2007).

Se por um lado a eutanásia propõe abreviar a vida com intuito de reduzir o sofrimento degradante, por outro, a distanásia dedica-se a prolongar, ao máximo, a quantidade de vida, combatendo a morte a todo custo, ainda que tal conduta traga mais sofrimento sem modificar em nada o prognóstico da doença. Não se prolonga a vida propriamente dita, mas o processo de morrer (PESSINI, 2007).

José Eduardo Siqueira e Jussara Meirelles (2018) conceituam a prática como tratamentos desproporcionais com a utilização de métodos diagnósticos ou terapêuticos cujos resultados não trazem benefício ao paciente. Quando a conduta insistente é motivada pelo desejo de obter vantagens econômicas ou pela própria vaidade profissional, pode, inclusive, configurar conduta típica, uma vez que representa gravíssima lesão ao paciente e cerceamento de sua liberdade, que diante de uma doença irrecuperável, se vê obrigado a viver seus momentos finais em sofrimento (VILLAS-BOAS, 2017).

Sobre a distanásia é peremptória a lição de Michael Palmer (2002, p. 57): "[...] submeter o paciente a uma degeneração antinatural, lenta e muitas vezes dolorosa, apenas por ser tecnicamente possível, não só é incivilizado e sem compaixão para o paciente e toda sua família, mas também violação da liberdade individual."

A possibilidade de adotar tratamento inócuo para manter a vida do paciente, mesmo quando ela não mais pode ser salva, ganha contornos dramáticos na contemporaneidade, uma vez que, diante do acervo tecnológico disponível na medicina hoje, este 'tudo' pode converter-se na negação do direito de morrer e na obrigação de adiar indefinidamente a morte natural pelo uso de recursos protelatórios existentes, mesmo quando ineficientes e cruéis.

Em certas situações percebe-se claramente que o tratamento médico se torna um fim em si mesmo, o foco é no procedimento, deixando o ser humano que padece relegado a segundo plano, numa clara inversão de valores sob a lógica de que o ser humano está subordinado aos interesses da tecnologia, e não ao contrário. A obstinação terapêutica surge como um ato de desumanidade profunda e frontalmente atentatório da dignidade humana (BAUDOUIN; BLONDEAU, 1993).

Jussara Meirelles e Eduardo Didonet Teixeira (2002, p. 349) acreditam que o encarniçamento terapêutico subverte o direito à vida:

> é possível entender que o *acharnement* subverte o direito à vida e, com certeza, fere o princípio constitucional da dignidade da pessoa humana, assim como o próprio direito à vida. Se a condenação do paciente é certa, se a morte é inevitável, está sendo protegida a vida? Não, o que há é postergação da morte com sofrimento e indignidade [...]. Se vida e morte são indissociáveis, e sendo esta última um dos mais elevados momentos da vida, não caberá ao ser humano dispor sobre ela, assim como dispõe sobre a sua vida?

A distanásia desconsidera as questões humanas de fim de vida. Suspender tratamentos fúteis não é encurtar tempo de vida, mas abster-se de alongar um processo de morte penoso, maltratando um paciente com conduta que, para muito além de não lhe reverter benefício de espécie alguma, representará uma negação de sua dignidade humana (VILLAS-BOAS, 2017).

A mistanásia representa a morte desconhecida, desconsiderada, tida pela sociedade como de menor valor. Todos os dias pessoas pobres morrem no desespero pela busca de um atendimento no sistema de saúde que não abarca todos aqueles que dele necessitam. As esperas infindáveis por atendimento, a interrupção de tratamentos de graves enfermidades e o acesso reduzido à profissionais especializados, entre outros fatores, geram as mortes miseráveis, sinônimo de mistanásia (PESSINI; RICCI, 2017).

Entre eutanásia e distanásia, encontra-se a ortotanásia, que consiste na limitação dos recursos médicos, farmacêuticos e tecnológicos em pacientes com diagnóstico de terminalidade. Aqui o objetivo não é abreviar nem prolongar a vida do paciente, mas reconhecer e respeitar o curso natural da doença rejeitando o prolongamento artificial da vida biológica que somente traria mais sofrimento.

Etimologicamente, ortotanásia significa morte correta: *orto* (correto) e *thanatos* (morte). A prática representa o respeito ao processo natural do morrer, na medida em que veda a adoção de qualquer medida que busque, exclusivamente, o prolongamento artificial da vida. O médico não pode ser obrigado a prolongar o processo de morte sob o argumento de preservar a vida. Muito ao contrário. O ato de abster-se de praticar a distanásia é um ato de preservação da vida e da dignidade do paciente (BORGES, 2001).

Barroso e Martel (2010) definem a ortotanásia como a morte em seu tempo adequado, não combatida com os métodos extraordinários e desproporcionais utilizados na distanásia, nem apressada por ação intencional externa, como na eutanásia. É prática sensível ao processo de humanização da morte e ao alívio das dores, incluindo atividades de prevenção, identificação precoce, avaliação abrangente e gerenciamento de sintomas (PESSINI, 2007).

Cabe ressaltar que, pela própria natureza multifacetada do ser humano, cuidados paliativos apenas podem ser exercidos em sua plenitude quando há um grupo de profissionais atuando junto ao paciente e sua família, já que a ciência paliativa requer multidisciplinariedade profissional (ROBLES-LESSA; BARUFFI, 2021).

Um dos mais importantes direitos do paciente, para além da existência de abordagem curativa, é assegurado pela ortotanásia, qual seja: o direito à expectativa de continuidade razoável do cuidado, pois é papel da medicina tornar a vida suportável. Os cuidados paliativos, também chamados de suportivos objetivam atender à esta expectativa, garantindo a melhor qualidade de vida possível com máxima autonomia, numa perspectiva multidisciplinar de manejo da dor física e psíquica (ARAUJO, 2018)

O caráter humanizador da ortotanásia também é ressaltado por Adriano Marteleto Godinho (2017) quando afirma que a prática revela um duplo caráter: o caráter passivo, na medida em que não busca nem provoca a morte, mas a aceita como fim natural de todas as pessoas; e um caráter ativo que consiste na prestação de assistência ampla e holística, capaz de propiciar conforto àquele que parte.

A aceitação da ortotanásia assegura a correta incidência do art. 5.º, inciso III, da Constituição Federal, que determina que "ninguém será submetido à tortura nem a tratamento desumano ou degradante." A prática coloca a tecnologia à serviço do paciente evitando qualquer sofrimento prolongado que, em última análise, configuraria tortura ou tratamento desumano e degradante (MOLLER, 2007).

A ortotanásia permite o diálogo franco entre o paciente e a equipe médica, pautado na confiança recíproca, por meio do qual será conferida ao enfermo a prerrogativa de saber sobre seu estado de saúde e de escolher que medidas se adequam ao seu ideal de dignidade do morrer (GODINHO, 2017).

O Conselho Federal de Medicina, por meio da Resolução n. 1.805/2006, tratou dos critérios de prática da ortotanásia, assim dispondo sua ementa: "Na fase terminal de enfermidades graves e incuráveis, é permitido ao médico limitar ou suspender procedimentos e tratamentos que prolonguem a vida do doente, garantindo-lhe os cuidados necessários para aliviar os sintomas que levam ao sofrimento, na perspectiva de uma assistência integral, respeitada a vontade do paciente ou seu representante legal".

O art. 2.º da resolução, inclusive, consagra a filosofia dos cuidados paliativos, que devem ser ministrados visando o conforto físico, psíquico, social e espiritual do paciente, que tem o direito de escolher por ser tratado fora do contexto hospitalar, em domicílio ou instituição específica (GODINHO, 2017).

Quanto à resolução citada, vale a menção de que o Ministério Público Federal ajuizou, em 2007, a Ação Civil Pública n. 2007.34.00.014809-3, buscando a declaração de nulidade da resolução. Apesar de concedida a tutela antecipada para suspender a eficácia da norma, a decisão de mérito julgou improcedente a ação para reconhecer que a suspensão do tratamento médico que prolongasse a vida do paciente em fim de vida, quando há sua expressa autorização, não ofende o ordenamento jurídico (CONSELHO FEDERAL DE MEDICINA, 2010).

A ortotanásia é indissociável dos cuidados paliativos, pois o processo natural de morte exige técnica no uso de recursos apropriados para aplacar o sofrimento físico e psíquico do enfermo. Sendo o quadro irreversível, ganha protagonismo o princípio da não maleficência já que nenhuma medida curativa poderá trazer benefício ao paciente (BORGES, 2001).

O movimento paliativistas foi uma resposta ao exacerbado poder conferido à instituição médica, que passou a produzir um fim de vida medicalizado, no qual o moribundo era silenciado e submetido ao poder médico. Na década de 70, o movimento pelos direitos dos pacientes, iniciado nos EUA, previa a defesa do direito de morrer com dignidade, propondo um novo modelo de prática médica em relação à morte e o morrer. Nesse contexto se destacaram nomes como Elizabeth Kubler-Ross e Cicely Saunders (MENEZES, 2004).

A etimologia da palavra já revela muito de seu intuito. As raízes históricas do termo cuidado paliativo advêm de *pallium*, manto usado pelos cavaleiros para proteção de tempestades ao longo do caminho. De *pallium* nasceu a palavra paliar, que, em português, significa encobrir, proteger, aliviar. Quando a cura não é mais possível, os sintomas são aliviados com medidas específicas (PESSINI, 2004).

Ausentes as possibilidades curativas, o cuidado é uma alternativa eficiente para alívio do sofrimento durante o processo de morte. Além disso, a medicina curativa também se une à atenção paliativa em uma concepção global de cuidado que visa, não apenas curar ou eliminar doenças, mas sobretudo proporcionar melhor qualidade de vida em todos os níveis de saúde, promovendo, em última análise, a dignidade da pessoa humana (DADALTO, 2020).

Cuidados paliativos, na conceituação proposta pela Organização Mundial da Saúde:

> [...] são cuidados holísticos ativos, ofertados a pessoas de todas as idades que encontram-se em intenso sofrimento relacionados à sua saúde, proveniente de doença grave, especialmente aquelas que estão no final da vida. O objetivo dos Cuidados Paliativos é, portanto, melhorar a qualidade de vida dos pacientes, de suas famílias e de seus cuidadores. (INTERNATIONAL ASSOCIATION FOR HOSPICE AND PALLIATIVE CARE, 2018).

Essa abordagem contemporânea de cuidado já é uma realidade verificável em muitos países. Em verdade, já há um arcabouço teórico-argumentativo em nosso país para sustentar os cuidados paliativos como um direito humano. O art. 196 da

Constituição Federal juntamente com o Pacto de San José da Costa Rica (CADH, art. 5.º) e o Pacto Internacional dos Direitos Econômicos, Sociais e Culturais (PIDESC, art. 12), dos quais o Brasil é signatário, constituem fundamento jurídico de reconhecimento do acesso aos cuidados paliativos como um direito humano internacional e elemento fundamental para o alcance da cobertura universal da saúde (MAINART; VASCONCELOS; BUSSINGUER, 2021).

Prova disso é a decisão do Tribunal de Justiça de Minas Gerais, de 07/11/2019, que condenou uma seguradora de saúde a indenizar os filhos de uma paciente por falha na prestação do serviço de cuidados paliativos, em uma clara demonstração de que o Judiciário do país reconhece os cuidados paliativos como um direito do paciente ameaçado por doença grave com iminência de morte (BRASIL, 2019).

Ressalte-se que o cuidado paliativo não se restringe ao paciente, mas a todos os familiares que estão à sua volta e compartilham de seu sofrimento, na perspectiva de que o sofrer de quem cuida repercute no estado geral do doente. Assim, a visão holística da medicina paliativa proporciona cuidado de caráter humanitário que respeita e acompanha o curso da doença convertendo-se numa verdadeira liturgia da ortotanásia (DADALTO, 2019).

Léo Pessini (2004) identifica cinco referenciais teóricos que compõem a noção de cuidados paliativos: veracidade, proporcionalidade terapêutica, duplo efeito, prevenção e não abandono. Para o autor, a busca dos cuidados paliativos é atender preocupações, não apenas físicas, mas psicológicas, religiosas e sociais do doente, abandonando a obsessão pela cura para dar espaço à noção do bem cuidar, focando na *pessoa doente e não na doença da pessoa*.

Por fim, passamos ao suicídio assistido, que segundo Barroso e Martel (2010), designa a retirada da própria vida com auxílio ou assistência de terceiros. O ato causador da morte é de autoria daquele que põe termo à própria vida. O terceiro colabora com o ato, seja prestando informações, seja colocando à disposição os meios e condições necessárias à prática.

Sob este enfoque, pode-se ver o suicídio assistido como a materialização do credo bioético de Potter (2016, p. 21), especialmente na crença e compromisso número 4:

> 4. Creio na inevitabilidade do sofrimento humano que resulta da desordem natural das criaturas biológicas e do mundo físico, mas não aceito passivamente o sofrimento que é resultado da desumanidade do homem para com o próprio homem. Compromisso: enfrentarei meus próprios problemas com dignidade e coragem. Assistirei os outros na sua aflição e trabalharei com o objetivo de eliminar todo sofrimento desnecessário na humanidade.

A primordial diferença entre eutanásia e suicídio assistido é que, naquela quem age é o médico, enquanto nesse, quem age é o próprio enfermo que pode ser auxiliado por terceiro (SÁ, 2001). O suicídio assistido é perpetrado pela própria pessoa, apenas ajudada por não conseguir realizar o ato sozinha. O terceiro, portanto, não tem responsabilidade pelo ato final (KOVÁCS, 2015).

O auxílio ao suicídio pode ser prestado por um médico ou por terceiro. Quando prestado por um médico, chama-se suicídio medicamente assistido, e a assistência consiste, geralmente, em prescrição de dose letal de medicamento. Quando é prestado por terceiro, chama-se suicídio assistido, e este oferece meios idôneos (participação material) para que a vítima execute o ato. Em geral, um médico, enfermeiro, parente ou qualquer outra pessoa, diante da solicitação do indivíduo, deixa disponível droga capaz de lhe causar a morte. No entanto, o suicídio apenas acontece por ação do próprio interessado (BORGES, 2001).

A evolução na legalização do suicídio assistido pelo mundo, bem como o seu panorama atual, pode ser iniciada com o primeiro país a legalizar a prática: a Suíça, que desde a década de 80, permite a prática embasada no art. 115 do seu Código Penal de 1918, apenas punível se realizada por motivos "não altruístas".

Nos Estados Unidos, alguns estados já legalizaram a prática: Em 1997, o estado de Oregon (USA, 2019) aprovou a "Lei de Morte com Dignidade" (*Death with Dignity Act*); em 2009, Washington (USA, 2020a) aprovou sua "Lei de Morte Digna" e Montana (KNAPLUND, 2010), por meio de decisão judicial, reconheceu a legalidade do suicídio assistido; em 2013, foi a vez do estado de Vermont (VERMONT DEPARTMENT OF HEALTH, 2020) aprovar o procedimento por meio do Ato n. 39, relacionado às "Escolhas do Paciente e Controle no Fim da Vida".

Em 2015, a Califórnia (USA, 2020b) assinou a "Lei sobre opção de fim de vida" (*Assembly Bill n. 15, End of Life Option Act*); em 2016 foi a vez do Colorado (USA, 2020c) aprovar, por meio da Proposição 106, a Lei de Opções em Fim de Vida; e em 2019, entraram para a lista dos estados americanos que legalizaram o suicídio assistido, os estados de Nova Jersey, Maine, Havaí, todos pela via legislativa (HAWAII STATE LEGISLATURE, 2020).

A Holanda, em 2002, legaliza o suicídio assistido por meio da Lei n. 194, conhecida como *Termination of Life on Request and Suiced Assisted*, que alterou os arts. 293 e 294 da lei penal (HOLANDA, 2020a). No mesmo ano, a Bélgica também legaliza a prática em lei similar à da Holanda.

Em 2009 foi a vez de Luxemburgo legalizar o suicídio assistido, por meio da Lei n. 4909, *Proposition de loi sur l'euthanasie et l'assistance au suicide* (BÉLGICA, 2020). Também em 2009, a Suprema Corte do Canadá (CANADA, 2016), no caso *Carter v. Canada*, considerou inconstitucional a proibição do direito ao suicídio assistido, dando prazo de um ano para alteração da lei. Em 17/03/2021, o projeto de lei C-7 foi aprovado, incrementando o número de pessoas que podem submeter-se ao procedimento[2].

---

2. Disponível em: https://lop.parl.ca/sites/PublicWebsite/default/en_CA/ResearchPublications/Legislative-Summaries/431CE. Acesso em: 24 ago. 2021.

Em 2017 foi a vez do estado de Victoria, na Austrália, de admitir o suicídio assistido pela Lei de Dilema Voluntária Assistida (AUSTRALIA, 2020).

Em fevereiro de 2020, o Parlamento português aprovou cinco projetos de lei para legalização da morte medicamente assistida (MMA) que, uma vez unificados em texto único, foi encaminhado à sanção presidencial (AGÊNCIA FRANCE-PRES-SE, 2020). Em 18/02/2021, o Presidente português remeteu o projeto ao Tribunal Constitucional do país para fiscalização preventiva de constitucionalidade. Um mês depois, em dia 15/03/2021, o Tribunal confirmou que a morte medicamente assistida não viola o princípio constitucional de proteção à vida, ressaltando, inclusive, que o direito de desenvolvimento livre da personalidade confere o poder de tomar decisões sobre sua vida e morte. Apesar disso, considerou o projeto inconstitucional por falta de precisão no conceito de 'lesão definitiva de gravidade extrema'. O parlamento português poderá editar e aprovar novas leis sobre o tema desde que supra a falta de clareza e traga termos mais precisos[3].

Logo depois de Portugal seguiu-se o Tribunal Constitucional Alemão que, também em fevereiro de 2020, derrubou a validade da seção 217 de seu Código Penal, asseverando que os indivíduos com doenças terminais têm o direito de auto-determinação em relação à própria vida e de filiação a organizações que os auxiliem no suicídio. A decisão do tribunal germânico reafirma este direito independente-mente da existência de doença incurável, podendo ser exercido em qualquer fase da existência pessoal (ALEMANHA, 2020a). Atualmente, há uma grande pressão para que o poder legislativo alemão legisle sobre o direito a autodeterminação no fim de vida para que a decisão do Tribunal não seja utilizada de forma arbitrária no país[4].

Em 30.10.2020, a Nova Zelândia aprovou a legalização da eutanásia e do suicídio assistido por meio de referendo no qual 65% dos eleitores votaram pela implementa-ção da 'Lei de Escolha do Fim de Vida', que entrará em vigor em novembro de 2021[5].

No dia 11.12.2020, o Tribunal Constitucional da Áustria decidiu que a expressão 'prestar-lhe ajuda' contida no art. 78 do Código Penal austríaco é inconstitucional, porque proíbe qualquer assistência em todas as circunstâncias. A decisão entrará em vigor em 2021 e o poder legislativo deverá regulamentar o tema[6].

Em 18.03.2021, o Congresso espanhol aprovou definitivamente a 'Ley Orgánica de Regulación de La Eutanásia' que entrou em vigor em 25/06/2021. Apesar de ter esta nomenclatura, a lei regulamenta a eutanásia e o suicídio assistido para pessoas

---

3. Disponível em: https://www.publico.pt/2021/03/15/politica/noticia/tribunal-constitucional-declara-eu-tanasia-inconstitucional-inviolabilidade-vida-humana-1954465. Acesso em: 24 ago. 2021.
4. Disponível em: https://taz.de/Streit-um-assistierten-Suizid-in-Pflegeheim/!5697550/. Acesso em: 24 ago. 2021.
5. Disponível em: https://www.parliament.nz/en/pb/bills-and-laws/bills-proposed-laws/document/BILL_74307/end-of-life-choice-bill Acesso em: 24 ago. 2021.
6. Disponível em: https://www.vfgh.gv.at/downloads/VfGH-Erkenntnis_G_139_2019_vom_11.12.2020.pdf Acesso em: 24 ago. 2021.

que preencham os requisitos da lei[7]. Em 07/07/2021, o Ministério da Saúde espanhol publicou o 'Manual de Boas Práticas na Eutanásia', que estabelece os passos a serem seguidos para realização dos procedimentos[8].

Como se pode aferir no estudo dos temas acima tratados, é somente a partir dos conceitos de autonomia e dignidade que se torna possível uma análise do exercício do direito ao suicídio assistido por *completed life*, objeto mais específico deste estudo.

---

7. Disponível em: https://www.publico.es/politica/ley-eutanasia-congreso-reconoce-derecho-muerte-digna--unico-rechazo-pp-vox.html Acesso em: 24 ago. 2021.
8. Disponível em: https://www.cmb.eus/manual-de-buenas-practicas-en-eutanasia Acesso em: 24 ago. 2021.

2
AUTONOMIA PARA O SUICÍDIO ASSISTIDO NO CONTEXTO DOS DIREITOS DA PERSONALIDADE E DO DIREITO AO ENVELHECIMENTO SAUDÁVEL

Assentado o princípio da dignidade da pessoa humana em suas principais dimensões, bem como os conceitos jurídicos ligados às decisões de fim de vida, a pesquisa prossegue para o estudo dos direitos da personalidade e do poder de disposição em situações jurídicas existenciais, para depois levá-los ao contexto do envelhecimento saudável e suas peculiaridades, como institutos ligados ao exercício da autonomia para decisão pelo suicídio assistido baseado na ideia de vida completa. Nesse capítulo também abordaremos o paternalismo jurídico e os casos Goodall e Wuillemin.

2.1 DIREITOS DA PERSONALIDADE E O PODER DE DISPOSIÇÃO NAS SITUAÇÕES JURÍDICAS EXISTENCIAIS

Somente no final do século XIX a sociedade mundial constatou a necessidade de se conferir proteção a esfera privada das pessoas. A demora na tutela da vida privada se deu, entre outras razões, porque a sociedade não percebia a existência de limites entre público e privado, noção que surgiu apenas após certa concepção de civilização (MORAES, 2010).

As declarações de direito surgidas no final do século XVIII buscavam libertar o homem das várias limitações impostas pelo sistema feudal, e assim se ingressou num novo ambiente com a previsão de direitos a partir dos quais a pessoa podia se valer perante o Estado, mas de viés estritamente individualista. Não se pode dizer que a proteção à pessoa humana trazida por estas declarações era de caráter universal, mas antes, pretendiam atender à classe burguesa em ascensão (DONEDA, 2002).

No período pós-revolução francesa, o direito privado se preocupava em garantir o exercício do domínio sem interferências do Estado e com a liberdade prevista na disciplina dos contratos. Para o liberalismo individualista, ser autônomo significava poder concretizar seus interesses sem interferência em suas relações e comportamentos (SILVA, 2006). A filosofia liberalista nos séculos XVIII e XIX consagrou o princípio da autonomia da vontade, muito bem retratada pela premissa de Francisco Amaral (1984) a partir da qual a base da vontade humana reside na liberdade e qualquer intervenção estatal deve ser proibida.

Nesse panorama, os ambientes de proteção da pessoa humana eram diversos e pouco se comunicavam: no campo público, as declarações de direito reconheciam a igualdade formal e conferiam ao homem certas liberdades em relação ao Estado; no campo privado, imperava o voluntarismo da autonomia da vontade.

Após a primeira guerra, com as misérias sociais e o capitalismo impiedoso, a comunidade mundial abre os olhos para o dever do Estado, não apenas de assegurar os direitos individuais, mas de garantir também as exigências da sociedade enquanto coletividade, expressas nos direitos sociais. Sobre a importância do reconhecimento dos direitos sociais, Alfredo Baracho (1986, p. 46) afirma que "a vida econômica deve ser organizada conforme os princípios da justiça, objetivando garantir a todos uma existência digna".

Nesse mesmo sentido, Fábio Comparato (2019)atribui ao socialismo o legado do reconhecimento dos direitos humanos de caráter econômico, que possuem como titular grupos sociais dominados pela exploração e pela fome advindos do capitalismo de produção. Nesse momento histórico surgem os direitos sociais, e com eles, a internacionalização dos direitos humanos. A fase, porém, dura pouco. O totalitarismo alemão e italiano, regime de violência e opressão com completo desrespeito aos direitos individuais, sociais e políticos, impuseram um retrocesso à ordem mundial.

A partir da segunda guerra mundial, quando restou clara a necessidade de proteção do homem diante de um Estado capaz de atrocidades, os direitos de personalidade ganham enorme força. A comunidade mundial buscava um núcleo de direitos humanos que vislumbrasse a proteção integral da pessoa humana, surgindo daí a fundamentação histórica dos direitos da personalidade consagrados nas constituições democráticas do pós-guerra (SÁ; MOUREIRA, 2015). Em 1948, surge a Declaração Universal dos Direitos Humanos e outras convenções que definem esse núcleo fundamental e propiciam educação em direitos humanos (MAGALHÃES, 2000).

Neste contexto, a doutrina identificava nos direitos da personalidade a salvaguarda de um espaço mínimo que propiciasse as condições ao pleno desenvolvimento da pessoa, âmbito reservado aos direitos que constituem o núcleo mais profundo da personalidade, e resguardasse a dignidade da pessoa humana preservando-a dos atentados por parte de outros indivíduos (ASCENSÃO, 1996).

Gustavo Tepedino (2001) também ressalta essa característica dupla-face dos direitos da personalidade, que protegem a pessoa humana tanto sob o enfoque constitucional, quanto sob o enfoque privado. Nesse mesmo sentido, Maria de Fátima Freire de Sá (2001), analisa que, anteriormente, o direito público era o único responsável pela tutela integral do ser humano, porém, com a evolução do direito privado, surgem os direitos de personalidade, que tutelam a pessoa humana também nas relações privadas.

Aqui convergem direitos humanos e fundamentais, dignidade da pessoa humana e direitos de personalidade, que representam desdobramentos do entendimento do homem como sujeito de valor no mundo (SÁ; NAVES, 2018); o consenso mundial é solidificado de modo que não há Constituição produzida por um Estado de Direito que não tutele as expressões da personalidade humana, tendo a pessoa se tornado o principal vetor na orientação de códigos constitucionais e privados.

Percebe-se, por esse breve histórico, que os direitos da personalidade são construção recente, tendo havido intenso debate doutrinário, inclusive, sobre a existência conceitual, natureza e conteúdo desta categoria de direitos. As teorias positivistas e negacionistas, por muito tempo, defenderam suas posições: os positivistas acreditavam na necessidade de utilizar institutos do direito civil para a proteção dos bens da personalidade; os negacionistas refutavam os direitos personalíssimos como categoria, argumentando a impossibilidade de identidade entre o titular e o objeto do direito (TEPEDINO, 2001).

A teoria negacionista perdeu força porque sua premissa não se sustentava. É que a personalidade, sob o ponto de vista dos atributos da pessoa humana, habilita o indivíduo a ser sujeito de direito, e sob o ponto de vista de bens jurídicos, se constitui como objeto de proteção do ordenamento jurídico. Logo, não havia, como afirmavam os negacionistas, a total identidade entre sujeito e objeto dos direitos da personalidade (DONEDA, 2002).

Certo é que, a partir da segunda metade do século XX, a existência dos direitos da personalidade e a concepção da personalidade como objeto de direito era predominantemente aceita, embora ainda ligada ao conceito de direito subjetivo das relações patrimoniais, mormente a propriedade. Na lição de Orlando Gomes (1966), a personalidade como objeto de direito é dimensão a que se assegura o direito de respeito, abrangendo toda manifestação humana em sua esfera privada. Os direitos da personalidade, também chamados personalíssimos, têm por objeto o próprio sujeito e são essenciais ao seu desenvolvimento, porque garantem a própria fruição de nós mesmos, assegurando que a pessoa seja senhora de si (FARIA, 1972).

Com as construções doutrinárias feitas sobre os direitos da personalidade, ficou claro que o bem jurídico a ser protegido não se encontrava fora da pessoa, mas com ela se confundia. Era uma premissa nova, porque até então, os interesses dos indivíduos eram formatados dentro da ideia patrimonial ligados a um elemento externo ao sujeito.

Importante e lúcida argumentação é trazida por Giorgio Giampiccolo (1958), quando demonstra que a separação entre sujeito e objeto do direito é adequada à proteção de bens externos, como ocorre com a propriedade, mas não se amolda à categoria das relações jurídicas existenciais, ligadas à personalidade humana.

A lógica conhecida, portanto, mostrou-se incapaz de ser aplicada para a nova categoria de direitos que surgia. A *res* é a pretensão de exigir respeito à vida, ao corpo, à honra; estes são o ponto de referência da obrigação negativa imposta à sociedade. E eles não são externos ao sujeito, mas constituem seu próprio ser no mundo (MIRANDA, 1983).

A classificação mais aceita doutrinariamente é a de que os direitos da personalidade são direitos subjetivos negativos absolutos, cujo exercício depende de uma abstenção, que uma vez não ocorrida, representaria violação a ser reparada pela tutela jurídica (MEIRELES, 2009); divididos em dois grandes grupos, temos: direitos à integridade física, categoria que compreende o direito à vida e ao corpo, por exemplo; e direitos à integridade moral ou espiritual, incluídos aqui os direitos à privacidade, honra, liberdade, entre outros.

E quanto às suas características, são comumente identificados por sua extrapatrimonialidade, pois não podem ser avaliados economicamente; imprescritibilidade, que impede a convalescência da lesão a um direito da personalidade pelo decurso do tempo, obstando o perecimento da pretensão ressarcitória; e indisponibilidade, que retira do titular a possibilidade de deles dispor (TEPEDINO, 2001).

A indisponibilidade e irrenunciabilidade serão aprofundadas mais adiante na pesquisa, quando passaremos a tratar da autonomia privada nas relações jurídicas existências, mormente no tocante à autodeterminação para morte.

A Constituição Federal de 1988 deu grande importância ao fundamento republicano da dignidade da pessoa humana, uma vez que nele se concentrou toda uma gama de possibilidades de proteção integral à pessoa humana. A nova perspectiva é percebida pelo legislador ordinário, que responde ao mandamento constitucional com os artigos 11 a 21 do Código Civil de 2002, dedicados à tutela dos direitos da personalidade.

Hoje, os direitos personalíssimos representam os pontos cardeais do ordenamento jurídico brasileiro, garantindo ao sujeito a prevalência da proteção da personalidade humana no que diz respeito com sua identidade, intimidade, e integridade (MORAES, 2010).

Na lição de Haddad Jabur (2020, p. 436), direitos da personalidade são:

> aqueles direitos encarnados na pessoa cuja concepção basta para os afirmarem como tal. São direitos cujo núcleo fundamental é o corpo e o espírito dos quais derivam irremovíveis necessidades de proteção impostas pela própria e suficiente razão humana (proteção à vida, inteireza física e psíquica, liberdade, honra, imagem, privacidade, v.g.) ou social [...].

No artigo 11 do Código Civil são atribuídas as características já acima mencionadas aos direitos da personalidade, além da previsão de impossibilidade de limitação voluntária de seu exercício. Esta última demandou ajustes da doutrina civilista brasileira, que na I Jornada de Direito Civil, em 2002, aprovou o Enunciado

4, segundo o qual "O exercício dos direitos da personalidade pode sofrer limitação voluntária, desde que não seja permanente nem geral".

E após, já em 2004, sobreveio o Enunciado 139, que acentuou ainda mais a distância em relação à interpretação literal do dispositivo, nós seguintes termos: "Os direitos da personalidade podem sofrer limitações, ainda que não especificamente previstas em lei, não podendo ser exercidos com abuso de direito de seu titular, contrariamente à boa-fé objetiva e aos bons costumes" (CONSELHO DA JUSTIÇA FEDERAL, 2002).

O artigo 12 representa cláusula geral e responde à necessidade de ampliação da tutela dos direitos da personalidade, que deve ser integral. O dispositivo prevê a possibilidade de cessação de ameaça ou lesão a direito por meio da tutela inibitória e reafirma a tradicional tutela reparatória da responsabilidade civil, ambos mecanismos capazes de minimizar ou evitar danos à pessoa humana (DONEDA, 2002).

Seguindo, os artigos de 13 a 15 do Código Civil, que tratam do direito à integridade psicofísica, regulam os atos de disposição do próprio corpo, a possibilidade de disposição gratuita do corpo após a morte e de recusa de tratamento médico. Os artigos 16 a 19 regulam o direito ao nome, e o artigo 20, o direito à imagem, ambos temas que não aprofundaremos, por não serem o objeto deste trabalho.

O direito à privacidade é tratado no artigo 21, que também é cláusula genérica, pois prevê que "o juiz, a requerimento do interessado, adotará as providencias necessárias para impedir ou fazer cessar ato contrário a esta norma".

Apesar de o Código Civil brasileiro ter 'tipificado' os direitos da personalidade em 11 artigos, não mais se discute acerca do caráter exemplificativo do rol. As previsões constitucionais e legais não são capazes de assegurar proteção exaustiva à pessoa, porque é tarefa impossível identificar todas as irradiações da personalidade em suas possibilidades de manifestação (MORAES, 2010). Não parece se coadunar com direitos da personalidade a ideia de tipificação que limita a proteção desejada. Melhor solução no trato desses direitos é a proposta de cláusula geral que prestigia o dinamismo do sistema jurídico e fornece base para a solução de variadas hipóteses de lesão (DONEDA, 2002).

As elaborações levadas a cabo pela legislação codificada revelam, além da insuficiência, a concepção dos direitos da personalidade a partir dos moldes do direito de propriedade. Toda conceituação, objeto e conteúdo dos direitos da pessoa se basearam no inadequado, porém preexistente, paradigma dos direitos patrimoniais. O raciocínio não poderia ter sido mais descabido, porque a personalidade humana é insuscetível de redução a uma relação jurídica-tipo, porque representa um valor a ser protegidos de variadas formas (PERLINGIERI, 1982).

Imaginar que a personalidade humana possa ser protegida tal qual se protege a propriedade significa dizer que se deve salvaguardá-la em termos negativos, ou seja, repelindo as ingerências externas ao livre exercício do sujeito de direito. No entanto, esta técnica setorizada, não se adequa à tutela requerida pela personalidade. É Tepedino (2001), que defende a tutela ampla da personalidade como meio de realização da plena dignidade humana, não havendo possibilidade de tipificação fechada quando se trata de um valor dessa monta.

Para prosseguirmos na pesquisa, retomamos nesse ponto uma especial característica dos direitos da personalidade: a irrenunciabilidade e impossibilidade de limitação voluntária. Esta incursão se faz necessária para tratarmos das decisões de fim de vida, especialmente o suicídio assistido.

A irrenunciabilidade prevista no artigo 11 do Código Civil requer uma análise acerca de seu alcance quando se aborda as situações jurídicas existenciais, para descobrir se há ou não um poder de disposição no exercício dessas situações jurídicas. Eroulths Cortiano Júnior (1998, p. 39), sobre a irrenunciabilidade desses direitos, alertou:

> uma das implicações que o biodireito traz à tona é o problema da indisponibilidade dos direitos da personalidade: a tradicional teoria sempre os classificou como direitos indisponíveis (porque necessários), mas os avanços científicos e as novas necessidades humanas demonstram a imperiosidade de se repensar a indisponibilidade.

Por muito tempo prevaleceu a ideia da indisponibilidade de bens jurídicos, na medida em que renunciável seria aquele bem que a lei assim o definisse, não havendo espaço para uma livre disponibilidade de direitos e nem para manifestação da vontade do ofendido. Este entendimento se encontra superado (SIQUEIRA, 2019).

Na verdade, a própria definição do que seja disponibilidade do bem jurídico e como determinar que bens são ou não disponíveis se mostra tarefa laboriosa. A doutrina, embora tenha se esforçado, não obteve êxito para encontrar um critério diferenciador válido. Isso porque num Estado Democrático de Direito, qualquer imposição do que seja (in) disponível esbarrará numa moral dominante, que se utilizará do poder estatal, para impor a conduta moral desejada pela maioria (MARINHO, 2018).

Rose Melo Vencelau Meireles (2009) identifica que, nesse contexto, poder de disposição e autonomia privada se confundem, porque ambos representam o poder de criar, modificar ou extinguir situações jurídicas. Partindo desta premissa, se percebe que o caráter existencial das situações jurídicas não afasta a existência de um poder de disposição do seu titular. Muito ao contrário. Por se tratar de situações que lidam com bens jurídicos de alto valor, mais razão haveria para o poder de decisão do indivíduo. Num ambiente pessoal, a autonomia privada se torna ainda mais relevante porque viabiliza a sua tutela positiva, que consiste na possibilidade de autodeterminação do sujeito.

Alexandre dos Santos Cunha (2002) formula inquietante questionamento sobre a constitucionalidade do caráter irrenunciável dos direitos da personalidade: a sua irrenunciabilidade não colidiria com o direito fundamental ao livre desenvolvimento da personalidade, nos casos em que não houvesse ofensa a direito de terceiros?

Interessante reflexão também nos traz Pasquale Stanzione (1997), quando ressalta dois aspectos da tutela da pessoa humana: o estático, que se identifica com a dignidade como valor; e o dinâmico, que está ligado ao desenvolvimento da personalidade. Segundo o professor, se considerarmos o desenvolvimento da personalidade (caráter dinâmico da tutela da pessoa humana), a autonomia pode justificar o poder de disposição nas situações existenciais.

Exemplo recente do exercício da autonomia para justificar o poder de disposição nas situações existenciais vem do Tribunal de Justiça do Rio Grande do Norte (BRASIL, 2020), na ação proposta pelo Estado do Rio Grande do Norte em face de José Roberto Gomes de Oliveira, seguidor da doutrina religiosa Testemunhas de Jeová, paciente acometido pela Covid-19, HIV positivo e diabético, para obter provimento jurisdicional que obrigasse o paciente a se submeter à transfusão de sangue. O magistrado da 3ª Vara da Fazenda Pública da Comarca de Natal, em sentença primorosa exarada em 05 de agosto de 2020, afirma:

> Não é demais repisar: estando o paciente esclarecido sobre todos os possíveis riscos, bem como sendo o âmbito de sua decisão limitado à sua esfera individual, é possível sua recusa em submeter-se a transfusão sanguínea, em respeito à sua autodeterminação e a sua liberdade de crença. Não cabe ao Estado, ou a quem quer que seja, proceder com avaliação quanto ao mérito da convicção religiosa, bastando que seja constatada a sua seriedade. Em outras palavras: pouco importa o acerto ou desacerto do dogma sustentado pelas testemunhas de Jeová. O que se discute e se busca tutelar, aqui, é direito ostentado por cada um de seus membros, de orientar sua própria vida consoante o padrão ético estabelecido por sua própria convicção ou abandoná-lo a qualquer tempo, livremente, se lhe aprouver.

O caráter dinâmico da tutela da pessoa humana, que reconhece o poder de disposição nas situações existenciais, como na citada decisão judicial, tem estreita ligação com a opção pelo suicídio assistido por *completed life*, uma vez que as escolhas ligadas à morte compõem o próprio desenvolvimento da personalidade. É dizer, a escolha pela morte, se inserida nesse projeto de pessoalidade ligado, integra o exercício do direito à vida, porque exprime sua realização ainda que seja para o seu fim. Assim, a indisponibilidade dos direitos da personalidade conflita com o fundamento do ordenamento constitucional. Nas palavras de Meireles (2009, p. 159):

> A afirmação de que os direitos da personalidade, os direitos pessoais ou, como se prefere, as situações jurídicas existenciais são indisponíveis é demais simplória e desconsidera que a autonomia privada em termos exclusivamente patrimonialista é incompatível com a centralidade que a pessoa humana ocupa no ordenamento jurídico.

Para Adriano De Cupis(2004, p. 55), a faculdade de disposição, que pode se expressar por meio da renúncia a situações jurídicas existenciais, deveria "definir-se como a faculdade de determinar o destino do direito subjetivo, ou a faculdade de atuar sobre este mesmo direito segundo a própria vontade."

A renúncia é o ato pelo qual se extingue um direito pela manifestação da vontade de seu titular, e em princípio, sua impossibilidade diante dos direitos da personalidade é defendida por razões teológicas, ligadas às crenças; morais, porque a renúncia àquele bem seria moralmente condenável; paternalistas, fincadas na ideia de proteger o indivíduo de si mesmo; ou coletivistas, a preservação da vida do indivíduo constitui um dever perante a sociedade (dimensão coletiva do bem jurídico). Todas essas posturas revelam-se incompatíveis com a liberdade e dignidade humanas. Não há como separar o exercício da autodeterminação do sujeito do objeto de proteção sem ferir a autonomia (SIQUEIRA, 2019).

Quando se trata da renúncia ou disponibilidade do direito à vida, como é o caso desta pesquisa, surgem acaloradas discussões. Em questão de vida e morte, ao se relativizar a dignidade para dar prevalência à vida, como defendem as concepções tradicionais que reconhecem a existência de direitos indisponíveis, muitas situações dramáticas desafiam o Direito, como será retratado nessa pesquisa, no estudo dos casos de Goodall e Wuillemin.

Os avanços científicos na área da biotecnologia, associados à crescente expectativa de vida e ao perfil epidemiológico das doenças crônicas, podem colocar o indivíduo diante de situações ligadas ao envelhecimento que atentem contra sua dignidade. Este cenário que realça novas necessidades humanas nos impõe repensar a indisponibilidade dos direitos da personalidade.

Nem mesmo o direito à vida é absoluto e, ainda que se reconheça hierarquia normativa entre os dispositivos do Texto Maior, certamente não estará a vida acima da dignidade humana, que como fundamento da República, detém superioridade axiológica frente a outros interesses reconhecidos pelo Constituinte(SCHREIBER, 2014). Também nesse mesmo sentido, Maria Celina Bodin de Moraes (2017) argumenta que, diante da colisão entre situações subjetivas, a medida da ponderação já fora há tempos determinada pelo constituinte, em favor do princípio absoluto da dignidade humana.

A vida inviolável é aquela que se amolda à autonomia individual do sujeito de direitos, sendo, por isso, impossível definir um conceito estático. Szatjn (2018), afirma que a inviolabilidade da vida, defendida a ferro e fogo por tantos, vale contra terceiros, cuja ação contra a vida alheia é coibida, mas não se pode ler o texto constitucional de forma que esta inviolabilidade possa se voltar contra o indivíduo, lhe suprimindo a capacidade decisória sobre a duração de sua vida.

Assim é que o artigo 11 do Código Civil merece ser interpretado conforme a Constituição Federal, que tem seu fundamento na dignidade humana. Para compatibilizar o dispositivo acima com o texto constitucional seria necessário interpretar a expressão 'casos previstos em lei' como aberta para, na lição de Meireles (2009, p.

178) "abrigar todas as hipóteses nas quais a legalidade constitucional ampararia a autonomia privada porque funcionalizada ao livre desenvolvimento da personalidade."

A professora prossegue para afirmar de forma enfática que "o titular da situação existencial tem sim o poder de produzir efeitos relativos à relação jurídica em que está inserido. Desde que os efeitos desejados pelo titular da situação existencial estejam adequados à função que a mesma deve realizar, essa manifestação da autonomia privada será tida como merecedora de tutela."

Ora, a função dos atos de autonomia existencial é a realização da dignidade humana, e a autonomia privada se volta para a satisfação de interesses da pessoa promovendo a liberdade individual. Em termos abstratos, a vida é de fato um alto valor, porém, de forma casuística, pode não corresponder ao anseio de tutela da pessoa. É o caso da opção pelo suicídio assistido, quando a preservação da dignidade suplanta o desejo de viver e configura um ato existencial à serviço da dignidade humana, que não poderá ser obstado pelo Estado (TEIXEIRA; SÁ, 2005).

O suicídio assistido por *completed life*, como ato de autonomia existencial, merece tutela do ordenamento jurídico, porque conduz ao conteúdo jurídico da dignidade humana. A opção consciente e válida acerca da interrupção do envelhecimento se liga à realização do ideal de morte digna e se sobrepõe aos demais princípios constitucionais, porque prestigia o princípio-fonte do qual de correm todos os outros.

Mesmo que haja conflito entre dois princípios que expressem a dignidade humana, como é o caso do suicídio assistido por *completed life* (vida x dignidade), Meireles (2009) afirma que se dará prevalência ao princípio que menos dano causar à dignidade. Na vida daquele que deseja morrer, no exercício da sua autonomia, que princípio deveria preponderar para que a dignidade fosse menos atingida? Em outras palavras, a dignidade será melhor atendida se lhe conceder ou negar o direito de optar pelo suicídio assistido? A ele interessa, nesse contexto, preservar a vida ou a sua dignidade?

Assentadas as premissas acerca do exercício da liberdade por meio da autonomia existencial, para a satisfação de interesses pessoais ligados à dignidade humana, é necessário, para os fins desta pesquisa, contextualizar o exercício desta autonomia existencial no cenário do envelhecimento, que por suas próprias vicissitudes, traz peculiaridades quando se deseja abordar o direito fundamental à morte digna por meio do suicídio assistido.

2.2 O PATERNALISMO JURÍDICO COMO ÓBICE AO SUICÍDIO ASSISTIDO: OS CASOS GOODALL E WUILLEMIN

Como visto, não há mais dissenso quanto à relevância da autonomia privada em ambiente pessoal, que abre a possibilidade de autodeterminação do sujeito nas escolhas de sua vida, aí incluídas as decisões ligadas à morte. A Constituição Federal, bem como a legislação infraconstitucional, assegura o exercício desta autonomia à pessoa idosa, como forma de preservar a sua dignidade humana.

O texto constitucional garante, ainda, o direito ao envelhecimento saudável, que abrange o direito à morte digna, não cabendo nesta seara, como acima analisado, nenhuma interferência estatal, sob pena de afronta à dignidade da pessoa humana.

A ingerência do Estado no âmbito pessoal das decisões existenciais do indivíduo sob o argumento protetivo e conhecida como paternalismo, em referência ao *pater familias*, posição masculina de mais elevado status na estrutura familiar na Roma Antiga. O chefe de família detinha o poder para decidir sobre o rumo das vidas de seus familiares. Em sentido mais amplo, o termo é usado para nomear ações que guardam semelhança com a ação dos pais, que agem no propósito de preservar seus filhos, escolhendo o que acreditam ser o melhor para eles (MARTINELLI, 2010).

O Estado, por meio de suas instituições sociopolíticas assume, em muitos casos, postura paternalista para ajustar ações que visam a preservar o próprio bem do indivíduo ou evitar um mal. A restrição da liberdade seria justificada pelo bem proporcionado (ALEMANY, 2006).

A conduta paternalista parte de duas ideias principais: a certeza do bem do outro e a desconfiança acerca da confiabilidade do protegido, que seria beneficiado por um juízo superior e, portanto, melhor. Percebe-se com clareza um desrespeito pela capacidade decisória do outro, legitimada pela busca do bem-estar e do melhor interesse. A medida paternal é a interferência sobre a liberdade daquele a quem deseja proteger, mesmo quando contra a sua própria vontade.

Paternalismo, segundo lição de Gerald Dworkin (2002, p. 186), "é a interferência de um Estado ou um indivíduo sobre outra pessoa, contra sua vontade, defendida ou motivada pela alegação de que a pessoa interferida será beneficiada ou protegida de um dano."

As ações paternalistas permeiam as mais diversas áreas da vida social e atingem os indivíduos de maneira diferente, sob justificações também diversas. Diante desta diversidade, existem várias classificações das espécies de medidas paternalistas. Sua importância reside na possibilidade de encontrar legitimidade em algumas delas, bem como repelir outras que se revelem como limitação inconstitucional do exercício da autonomia.

A classificação apresentada pelo Professor João Paulo Orsini Martinelli (2010) identifica três formas de manifestações paternais: (i) conselho, (ii) medida de restrição e (iii) imposição de conduta positiva ou negativa. Segundo seu entendimento, o conselho não seria um ato paternal propriamente dito, mas uma forma de prover entendimento para a tomada de decisão autônoma. Como medida de restrição, o paternalismo limitaria o acesso do sujeito protegido a opções de ação, mas não seria possível, previsão de sanção em caso de descumprimento. Já quanto à imposição de conduta, o paternalismo exigiria certa atuação ou omissão sob pena de sanção, representando verdadeira restrição à liberdade de escolha.

Nesse sentido último, de imposição de conduta, a ações paternalistas findam por ignorar a autonomia e interesses individuais, subtraindo do indivíduo a chance de aceitar ou de se opor à medida protetiva, numa inversão de valores que privilegia o suposto benefício a ser proporcionado à liberdade decisória da pessoa.

É bem nesse contexto que se encaixa, por exemplo, a criminalização da assistência ao suicídio no direito brasileiro, porque representa a imposição de uma conduta, que se mostra indiferente ao interesse do indivíduo que opta por encerrar sua vida. Não é dada à pessoa a chance de se opor à proteção oferecida pelo Estado, através da legislação penal, promovendo uma inversão de valores diante da capacidade de escolha da pessoa.

À ação paternal, nesses casos, não importa o desejo ou consentimento da parte protegida, que deverá, a despeito do que pense, sujeitar-se à orientação sob pena de sanção prescrita. A conduta intenta neutralizar a ação decisória do protegido, que fica impossibilitado de agir conforme seus valores e sua moral (ATIENZA, 1998). O espaço *indecidibile per il legislatore* de Rodotà é invadido e vilipendiado em sua soberania pessoal.

Outra classificação que merece destaque e a de Martinelli (2010) e Gerald Dworkin (2002) que apresentam os seguintes tipos de parternalismo: *soft* e *hard*; *strong* e *weak*; e moral e de bem estar.

O paternalismo *soft* quando o alvo da intervenção é uma pessoa com autonomia reduzida e a ação paternal se justificaria para resguardar seus interesses. Já o paternalismo *hard* seria a conduta que interfere nas opções de pessoa autônomas.

As ações paternais fracas seriam aquelas que intervém porque acreditam no erro de avaliação do decisor que comprometeria sua decisão. A intervenção será capaz de proteger o decisor contra tais equívocos como, por exemplo, se alguém deseja usar medicação em dose mais alta que a prescrita, acreditando que não lhe fará mal, a medida paternalista fraca alerta para evitar o ato equivocado.

O paternalismo *strong* ou forte não atribui a necessidade de sua atuação à avaliação errônea do decisor em relação aos fatos, mas à juízo de valor por ele feito, considerando-os irracionais e substituindo-os por suas próprias convicções. Retomando o exemplo, o *strong paternalism* impediria o consumo da medicação em doses aumentadas, mesmo estando o usuário a par de suas consequências.

Em exame às classificações acima citadas, se verifica que, no mais das vezes, há um consenso sobre a existência de dois paternalismos contrapostos. Um, legitimado, porque oferece proteção à indivíduos que não possuem condições plenas de exercício de sua autonomia, como a vedação de doação de órgãos por menores de idade, prevista no art. 9.º da Lei n. 9.434/1997; e outro, ilegítimo, porque atua dentro do espaço decisório de pessoas capazes. Nesse sentido, Victoria Camps (1988), fala de *el paternalismo justo y el injusto*, e também Paulette Dieterlen (1988) afirma sua reprovação ao chamado *paternalismo injustificado* e reconhece a relevância do *paternalismo justificado*.

Há, por fim, o paternalismo moral e de bem-estar: se a conduta adotada pelo sujeito tem o potencial de afrontar os valores morais da sociedade, a medida paternal moralista atuaria para salvaguardar o arcabouço axiológico social; de outro lado, as condutas paternais de bem-estar apenas se manifestariam para garantir melhoria de vida da pessoa protegida, sem preocupação com aspectos morais da conduta.

À parte as classificações possíveis, é importante destacar a tendência das sociedades contemporâneas de buscarem fundamentos filosóficos e jurídicos que afastem ações paternalistas em defesa de maior autonomia individual de seus membros. Partir da premissa que os indivíduos não são capazes de fazer suas próprias escolhas, e que por isso, necessitariam de um Estado-pai, é negar o princípio da autorresponsabilidade e subestimar a racionalidade humana, base histórica de sua dignidade.

O objetivo é barrar a interferência indevida de instituições estatais na vida privada das pessoas, deixando à salvo da influência pública questões individuais que apenas digam respeito à própria pessoa. Não pode haver interesse do Estado em atos autorreferentes.

Joel Feinberg (1986), autor de uma densa teoria antipaternalista, analisa em que situações o Estado estaria legitimado a intervir no comportamento das pessoas e fixa o critério a partir do princípio da lesão. No dizer do professor, não cabe ao Estado proteger indivíduos de danos de pouca monta, que eles próprios se infligem, e nem socorrer aquele que não quer ser socorrido.

A lesão que demandaria atuação estatal paternalista, segundo Feinberg, é configurada pelo ato ilegal que prejudica direito alheio. O conceito de alteridade, na teoria do autor, é essencial para configurar a lesão. Sem alteridade não se pode falar em conduta paternal justificada. A autolesão, em princípio, deve ser isenta de tratamento institucional pelo Estado.

Alexandre Cunha (2002) também defende que a liberdade de ação do indivíduo vá até onde possa prejudicar outros. Se ali chegar, se justifica a criação de regras jurídicas que limitem tal atuação, como pressuposto de um Estado Democrático de Direito. É dizer: atos de autonomia existencial apenas podem adentrar no regramento jurídico se representam agressão à esfera jurídica alheia.

Também para Sternberg-Lieben (1997, p. 85 apud SIQUEIRA, 2019, p. 229), a limitação do direito de disposição de bens jurídicos apenas poderia ser possível quando a lesão do bem jurídico atinge valor de terceiro ou quando o próprio titular necessita de especial proteção diante de situação de vulnerabilidade.

Esta noção do prejuízo ao direito alheio para a configuração da lesão de Feinberg vem ao encontro do princípio *volenti non fit injuria* (não há lesão contra aquele que consente), presente na principiologia do consentimento, que prevê a inexistência de lesão se o consentimento é voluntário, eficaz e dado por pessoa capaz, que por ele se transforma em partícipe da ação, e não vítima.

A escolha pelo suicídio assistido por *completed life* também recebe influência do princípio *volenti non fit injuria*, afinal o consentimento válido demonstra que o indivíduo rejeita o socorro do Estado, que se intervir, transformará o bem pretendido em mal perpetrado.

Assim, ausente o prejuízo ao direito de terceiros, restaria analisar se o ato ilegal ou imoral, isoladamente, seria capaz de justificar a intervenção do Estado. O professor responde que não. As infrações não lesivas, chamadas de *hamless wrongdoing*, a despeito de sua ilegalidade ou imoralidade, não possuiriam legitimidade para interferir na autonomia pessoal a fim de coibir atos que se quer chegam a causar danos. Punir tais atos seria impor um moralismo legal como reflexo de uma moral coletiva, incompatível com a ideologia das sociedades liberais (BARRETO NETO, 2015).

A teoria de Feinberg é de singular importância para entender a crítica que se faz, nesse estudo, a qualquer limitação nas escolhas ligadas ao direito de morrer, porque tais opções não se subsumem ao conceito de lesão e, portanto, a intervenção do Estado não estaria legitimada.

Em uma das acepções de autonomia defendida por Feinberg, se encontra a autonomia como direito soberano à autodeterminação, na qual o autor define o limite do domínio pessoal tal qual um Estado define seus limites territoriais. Dentro deste espaço de domínio pessoal estão abrangidas todas as decisões que apenas podem ser por ele decididas (SIQUEIRA, 2019)

Nesse contexto, a dignidade da pessoa idosa tem conteúdo autônomo e comporta o direito de ditar as diretrizes norteadoras de sua própria vida, propiciando o envelhecimento digno e saudável. Se o idoso é autônomo e capaz, sua opção por encerrar a vida não configura lesão porque é ato autorreferente (sem alteridade não se pode falar em conduta paternal justificada), e assim não há que se falar em intervenção estatal porque a autolesão seria irrelevante para o Estado.

O exercício da autonomia individual quanto às decisões de fim de vida, no entanto, poderia suscitar preocupações quanto aos impactos das escolhas pessoais na coletividade. Esta não deixa de ser uma premissa utilitarista, na medida em que impedir uma pessoa de exercer autonomamente seu direito à autodeterminação quanto à sua vida para não causar aflição à pessoas próximas seria o mesmo que dizer que as atitudes humanas estariam sempre limitadas à uma expectativa social, num entendimento que desvirtua por completo o verdadeiro conteúdo dos bens jurídicos, condicionando-os à preceitos externos (SIQUEIRA, 2019).

Ainda nesse contexto de inquietação acerca dos impactos das escolhas pessoais na coletividade, Feinberg traz interessante exemplo com a ideia de 'limiar da guarnição'. O autor narra a história de uma comunidade que mantém uma unidade de guarnição para defesa. Certa vez, sob o ataque de numerosos selvagens que desejam conquistar seu território, um dos membros da guarnição, cansado da situação de perigo e stress, decide se matar e afirma ser dono de sua vida. A partir de sua morte, outros membros acabam também optando pelo suicídio. Sem numerário suficiente à proteção, a guarnição sucumbe e a comunidade é invadida pelos bárbaros (FEINBERG, 1986).

Ainda assim, fincado no princípio da lesão, Feinberg afirma que apenas danos sociais de grandes proporções e comprovadamente causados por decisões individuais podem barrar a ação autônoma do indivíduo. Nesse sentido Martinelli (2010) assevera que não é qualquer ameaça a interesses coletivos que justificam a ação paternal do Estado, mas apenas aquelas com potencial para fragilizar os valores fundamentais da sociedade, quando então os interesses individuais poderão legitimamente serem preteridos.

Nesta mesma linha segue a lição de John Stuart Mill (2000):

> Com relação à ofensa simplesmente eventual ou construtiva, por assim dizer, que uma pessoa cause à sociedade sem violar nenhum dever específico para com o público e sem ocasionar dano perceptível a um outro indivíduo além de si mesma, a sociedade pode e deve tolerar essa inconveniência, em nome do bem superior da liberdade humana.

É importante também, dentro deste contexto de defesa da liberdade humana posta por Stuart Mill, lembrar de Isaiah Berlin (2002) e sua lição sobre *liberdade negativa*: aquela que permite meu agir sem obstrução de outros, presente quando minhas decisões dependem apenas de mim. Assim, tenho liberdade e autonomia na medida em que defino meus próprios interesses, direito garantido pela Constituição Federal (art. 1.º e 5.º). Esta noção é de destacada importância quando se pretende pensar na possibilidade de disposição da própria vida.

Outro aspecto importante a ser considerado na legitimação de ações paternais diz respeito à proporcionalidade da interferência estatal. A questão é bem desenhada por Gerald Dworkin (2002): a medida paternalista representa um maior mal que o pretenso benefício gerado? Se sim, deve ser repelida. A limitação da liberdade, pela via da ação paternalista, é mais proveitosa ao protegido, ou o bem mais proveitoso a ele advém da abstenção do Estado?

É claro que a aferição do bem e do mal, por ter natureza subjetiva, deve ser feita exclusivamente pelo indivíduo. Nas palavras de Meirelles e Didonet Teixeira (2002, p. 352), "o conteúdo da dignidade da pessoa dar-se-á no caso concreto, não sendo admitida a sua previsão em abstrato para fins de aplicação." Em situações tais, não há como se pressupor um *horizonte homogêneo de experiência*, inexistente na realidade social (LORENZETTI, 1998).

Nesse contexto bem se pode visualizar que a conduta estatal brasileira no exemplo aqui utilizado, de criminalização da assistência ao suicídio, pode, em muitos casos, representar um mal maior que o pretenso benefício de resguardar vidas, como soa ser o caso daqueles que, como David Goodall e Hélène Wuillemin, desejam encerrar sua existência por meio do suicídio assistido, rejeitando de forma irresoluta o suposto benefício da lei criminalizante.

Se o Estado tem por fundamento a dignidade da pessoa humana e provê mecanismos para que o cidadão exerça sua autonomia, nada poderia justificar a diferença de tratamento nas decisões ligas ao direito de morrer, quando, em especial, o Estado deveria reforçar os mecanismos para assegurar a dignidade daquele que escolhe seu fim.

2.3 AUTONOMIA EXISTENCIAL DO IDOSO NO PROCESSO DE ENVELHECIMENTO SAUDÁVEL: O SUICÍDIO ASSISTIDO POR COMPLETED LIFE E OS CASOS GOODALL E WUILLEMIN

A proliferação dos direitos humanos levou ao reconhecimento da pessoa idosa como sujeito de direitos, especialmente a partir de 1980. Nas últimas décadas, essa parte da população experimenta um crescimento em escala significativa, especialmente, em razão do enorme avanço da medicina tecnológica no tratamento e cura de doenças, que por sua vez, é responsável pelo aumento expressivo da expectativa de vida.

Dados da Organização das Nações Unidas estimaram que em 2050 o número de pessoas com idade superior a 60 anos chegaria a 2 milhões (NAÇÕES UNIDAS, 2014). Outro estudo comprovou que o número de pessoas com 60 anos ou mais que necessitam de cuidados prolongados mais que triplicará nas Américas nas próximas três décadas, passando dos 8 milhões atuais para 27 a 30 milhões, também no ano de 2050 (NAÇÕES UNIDAS, 2019).

No Brasil também é percebida a transição demográfica na população idosa, que ocorre também pela queda na taxa de natalidade. Estudos prospectivos de impacto relativos à população idosa foram realizados, e o Ministério da Saúde estima que em 2030, o número de idosos ultrapassará o número de crianças de 0 a 14 anos (VALADARES, 2016). Estima-se que 13,7% da população brasileira é de pessoas com sessenta anos ou mais de idade; de acordo com estimativas do IBGE, esse percentual representará 18,6% em 2030, 33,7% em 2060 (IBGE, 2018).

Esse cenário mundial de transição do processo demográfico exige da sociedade, bem como do Estado, grandes esforços para fortalecer as estruturas de apoio ao idoso e para implementar políticas públicas que assegurem o direito ao envelhecimento saudável (TEIXEIRA; MENEZES, 2020)

Esta preocupação já era sentida em 1982 pela Organização das Nações Unidas, que promoveu a primeira Assembleia Mundial sobre Envelhecimento, aprovando o Plano de Ação Internacional de Viena sobre o Envelhecimento, chamando a atenção para assuntos como saúde, proteção de consumidores idosos, bem-estar social, segurança de renda e emprego, entre outros (FABRE, 2020).

Já em 1991, a Assembleia Geral adotou o 'Princípio das Nações Unidas em Favor das Pessoas Idosas', enumerando 18 direitos das pessoas idosas em relação à independência, participação, autorrealização e dignidade. No ano seguinte, por recomendação da Conferência Internacional sobre o Envelhecimento, a Assembleia Geral da ONU declarou 1999 o Ano Internacional do Idoso (NAÇÕES UNIDAS, [s.d.]).

A Segunda Assembleia Mundial das Nações Unidas sobre envelhecimento foi realizada em Madrid, em 2002, visando desenvolver uma política internacional para o envelhecimento no Século XXI. Em ambas assembleias se frisou a relevância da promoção da saúde e bem-estar na velhice, a necessidade de efetivação de ações que promovam a independência, participação, autorrealização e dignidade do idoso (UNITED NATIONS, 2002).

No âmbito interno, a Constituição Federal de 1988 foi a primeira a reservar tutela diferenciada para o idoso, em seu artigo 230, considerando as fragilidades próprias desse grupo para oferecer proteção específica e especial. O texto constitucional afirma que os idosos devem ser amparados pela família, pela sociedade e pelo Estado, que lhes defenderão o bem-estar e o direito à vida, garantindo um envelhecer digno, sem ofensa a seus direitos da personalidade.

Para dar efetividade ao artigo 230 da Constituição Federal foi editada a Lei n. 8.842/1994, que dispõe sobre a Política Nacional do Idoso e confirma os princípios destacados pela ONU, e em seu artigo 10, detalha os direitos e obrigações em diversas áreas de intervenção pública, na busca pela promoção da saúde, bem-estar, autonomia e dignidade do idoso.

A partir de 2003, a legislação infraconstitucional também passou a contar com o Estatuto do Idoso, Lei n. 10.741/2003, que ampliou o regime jurídico aplicado à pessoa idosa, oferecendo maior completude à tutela do idoso nos variados aspectos de sua vida.

Considerados tais aspectos panorâmicos dos direitos da pessoa idosa, prosseguimos para analisar o direito à sua autodeterminação nas decisões existenciais, e para este desiderato, é importante, antes, examinarmos o princípio do melhor interesse do idoso, que prestigia o respeito à sua dignidade e liberdade.

Se é verdade que a vulnerabilidade é própria da condição humana, o ordenamento jurídico percebe alguns grupos como mais vulneráveis em face de determinadas circunstâncias e, portanto, "desiguais" se comparados com o todo, o que legitima o exacerbamento de sua tutela na busca pela igualdade material (BARBOZA, 2020).

O professor e jurista Yann Favier (2013, p. 17) discorre sobre o tema:

> Se a vulnerabilidade não está instituída como tal no direito privado, ela é de toda sorte a ele aplicada. A vulnerabilidade em direito aparece numa relação de forças quando se faz necessário compensar desigualdades consideradas como 'naturais' e resultantes de um fato considerado objetivo (idade ou estado de saúde) ou como resultado de uma situação voluntária instituída entre pessoas privadas (em relação às obrigações).

Para a proteção dos vulneráveis, como é o caso da pessoa idosa, é importante estabelecer a vedação à discriminação, bem como executar ações afirmativas por meio de leis especiais, que para além de tutelar o sujeito vulnerável, representem ferramenta de promoção da igualdade a guiar a ação do Estado (MARQUES; MIRAGEM, 2012).

As leis brasileiras em atenção aos idosos assumiram este desiderato, fundamentadas no princípio da dignidade da pessoa humana e buscando assegurar a igualdade, autonomia e a participação efetiva do idoso na sociedade. Na lição de Brochado e Menezes (2020), a dignidade da pessoa idosa, prestigiada constitucionalmente, está atrelada à cláusula geral de tutela da pessoa humana, bem como ao princípio do seu melhor interesse do idoso, todos a respaldar o respeito à sua autodeterminação.

É que, para além das dificuldades naturais do envelhecer, as condições de saúde física, psíquica e social e o alijamento do mercado de trabalho, há várias perspectivas sociais preconceituosas acerca do envelhecimento, alimentadas por fatores culturais que enaltecem o novo e menosprezam o antigo, sustentando uma cultura que marginaliza o processo de envelhecimento e o atrela à perda da autonomia e do poder decisório do idoso (BARBOZA, 2020).

O ageísmo ligado à idade avançada, em muitos casos, é confundido com incapacidade funcional, que pode privar ou limitar o idoso no exercício de seus direitos fundamentais. O avançar da idade, por si, não é fator de incapacidade (FABRE, 2020). A professora Pérola Braga (2011) alerta para que o envelhecimento não seja visto apenas como um processo degenerativo do organismo, mas como uma *marcha contínua de transformação do ser humano*.

Além disso, o gozo dos direitos da personalidade, incluído o direito à autonomia, não está adstrito ao critério da idade, uma vez que não é legítimo dividir as pessoas em classes, prevendo que, a depender da idade, existam indivíduos "mais pessoa" e "menos pessoa" (PROSPERI, 2013).

A dependência, geralmente usada como argumento para retirar o poder decisório da pessoa idosa, deve ser vista como característica intrínseca da existência humana, na medida em que todos nós vivemos numa rede de interdependência sem a qual ninguém sobreviveria. Eva Kittay (2005) alerta que a dependência, em maior ou menor grau, é condição *sine qua non* do convívio social, inevitável às relações humanas, independentemente de idade. Se ser autônomo é não depender de ninguém, não o é nenhum ser vivente.

Nessa perspectiva, o princípio do melhor interesse da pessoa idosa aponta para um conteúdo autônomo, consubstanciado no direito de ditar as diretrizes norteadoras de sua própria vida, propiciando o envelhecimento digno e saudável. Eventual apoio na tomada de decisões nas esferas existenciais ou patrimoniais, pela sua vulnerabilidade, não poderá representar supressão de sua autonomia (TEIXEIRA; MENEZES, 2020).

Toda tutela da pessoa idosa está assentada nos direitos fundamentais e da personalidade, de modo que o envelhecimento ativo e saudável deve ser protegido segundo as diretrizes fixadas na lei, mas principalmente pautada no princípio do melhor interesse do idoso, capaz de a ele oferecer a proteção integral assegurada na Constituição (TEIXEIRA; SÁ, 1999).

Maria Celina Bodin de Moraes (2006) assevera que a habilidade de manter a autonomia na fase do envelhecimento está diretamente ligada à sua qualidade de vida, que por sua vez, propiciará o envelhecimento saudável. Nesse cenário, a liberdade se consubstancia no poder de fazer suas próprias escolhas sem interferências, para a concretização do projeto de vida pessoal do idoso.

Para Eduardo Espínola (1908) a liberdade humana, no contexto dos direitos personalíssimos, é a própria personalidade, portanto, um elemento constitutivo, cabendo ao Direito garantir a tutela de cada individualidade. Nesse sentido, também discorrem Santos e Almeida (2020, p 137), para quem a cidadania da pessoa idosa não prescinde da garantia de autonomia, essencial para o envelhecimento de qualidade:

> Indispensável afirmar que o direito à autodeterminação do idoso é fundamental para o processo de autoconstrução da pessoa humana, sempre contínuo ao longo do acumulo de primaveras, no entanto, sob o risco constante em razão de sua vulnerabilidade, causada não só pela fragilidade e envelhecimento do corpo, mas, sobretudo, em razão do preconceito social ainda existente.

Assim é que o envelhecimento implica no reconhecimento de direitos e garantias ligadas à preservação da saúde em todos os seus aspectos, para que a pessoa possa exercer seus direitos de personalidade em qualquer fase da vida. Nesse tema, o ensinamento de Fabiana Barletta (2014, p. 124) merece ser destacado: "O envelhecimento bem-sucedido, ou seja, saudável, consiste na soma da preservação da capacidade funcional à qualidade de vida experimentada, condições necessárias à autonomia da pessoa idosa."

Considerando as premissas postas, cabe destacar a profunda transformação da autonomia privada no âmbito das relações existências. O legislador constitucional pretendeu dar maior liberdade nas relações não patrimoniais, como instrumento para alcançar a dignidade do viver. A autonomia privada ligada aos negócios patrimoniais e a lógica de mercado não serve para atender ao substrato das relações jurídicas existências, que se ligam ao tema da personalidade, e portanto, à soberania do indivíduo (SANTOS; ALMEIDA, 2020).

Assim é que as situações existências, por retratarem escolhas a respeito da própria pessoa, são personalíssimas e, portanto, insuscetíveis de realização por outrem. Nesta categoria se inserem os atos de disposição sobre a própria vida, com destaque nesse estudo, para a opção pelo suicídio assistido por *completed life*.

O fenômeno da vida concluída é uma soma de incapacidades, limitações e ausência de vontade de se conectar com a vida, configurando uma postura de desapego e alienação. O idoso não possui mais nenhum desejo de viver porque nada mais há para esperar da vida (WIJNGAARDEN, 2016).

A experiência é sempre pessoal, de modo que não há como desenvolver uma definição objetiva do *completed life*. Apenas o próprio indivíduo pode determinar se está experienciando o fenômeno da *completed life*, pois apenas ele sabe como as circunstâncias da vida são sentidas. Se o idoso conclui que a sua vida acabou e deseja encerrá-la, aceitar esse desejo e ajudar também é uma forma de respeito, cuidado e bom atendimento.

Muitos direitos previstos em nosso ordenamento jurídico devem ser analisados sob o ponto de vista subjetivo, "sem a adoção oficial de dogmas incontestáveis, que, ao impor uma moral única inviabilizam qualquer projeto de sociedade aberta. Os grupos religiosos não têm o direito de pretender hegemonizar a cultura de um Estado constitucionalmente laico."(PIOVESAN, 2006, p. 19-20). Assim, nenhuma descrição inequívoca do seu conceito pode ser dada.

Também Habermas (2004) afirma que um Estado Democrático de Direito é marcado "pela articulação do poder político legitimado pelo povo com a limitação do poder estatal", cuja finalidade é permitir a coexistência de diferentes projetos de vida numa sociedade pluralista, por meio do exercício da liberdade com o outro e contra o outro. Se o conceito de vida-boa pressupõe a ação do indivíduo na definição de seu conteúdo, a boa morte também partirá desta premissa. A autonomia para viver é indissociável da possibilidade de uma autonomia para morrer (ROCHA; SÁ; MOUREIRA, 2018).

Doyal e Gough (1994) sustentam que a ideia de vida compreende todas as suas dimensões e apenas pode ser preenchida com um abrangente significado que inclua, para além da garantia de sua continuidade material, fatores relativos à tudo que lhe confira sentido de preenchimento com a existência digna. Nesse cenário é fácil visualizar que fatores pessoais podem tornar cada novo dia um tormento ou a sensação de que tudo de valor ficou para trás; ninguém jamais será capaz de dizer sobre sentimentos e vivências de outra pessoa.

A vida inviolável, portanto, ultrapassa o significado banal de sobrevivência, é aquela que se amolda à autonomia individual do sujeito de direitos. A diretriz constitucional não pode transmudar a vida num dever para consigo mesmo e com os outros, nem tampouco ser encarada de forma absoluta, de modo a impedir o acesso à morte digna (PIOVESAN; DIAS, 2017).

O princípio da autorresponsabilidade justamente prescreve que o indivíduo é livre para realizar suas escolhas pessoais e assumir suas consequências, podendo gerir seus bens jurídicos e entre eles estabelecer a sua própria hierarquia. O critério para definir a (in)disponibilidade do bem é pessoal e intransferível, sob pena de se transformar um direito fundamental em dever, oponível a seu próprio titular. Não se pode utilizar a força do poder punitivo para agir contra o titular do bem que de forma inequívoca consente na sua lesão (MARINHO, 2018).

Também a partir do princípio da autorresponsabilidade se chega à 'ação final' descrita Hans Welzel (2015), a previsão feita pelo indivíduo acerca do fim almejado a partir de sua ação consciente. O autor alemão discorre sobre a teoria finalista da ação e sua relação com a dignidade humana para defender que o Direito deve entender o homem como responsável e eticamente livre para escolhas de vida e de morte. Se as normas do ordenamento jurídico forem construídas desconsiderando a responsabilidade dos indivíduos certamente estarão ferindo a sua dignidade (WELZEL, 2015).

Medina Frisancho (2010, p. 266), ainda quanto ao princípio da autorresponsabilidade no contexto do suicídio assistido, o identifica "como manifestação da autonomia e um produto da autodeterminação", o que fortalece ainda mais a ideia de que o idoso com competência decisória tem o direito de deliberar sobre sua morte.

Se por um lado, as condições econômicas, sociais e psíquicas de uma pessoa podem ter-lhe conduzido à um processo de envelhecimento condizente com seus critérios de dignidade, por outro, muitas enfrentam limitações em funções orgânicas, experienciando a perda gradativa da autonomia. Nesse contexto, o idoso pode antever dias indignos e abdicar desta vivência dissociada de seu projeto de vida, optando pela sua interrupção, como ato de autonomia existencial.

Há, de fato, uma grande preocupação por parte de muitos idosos de que, devido às mazelas da idade avançada, chegarão a um ponto em que não serão capazes de cuidar de si mesmos nas demandas básicas da vida. Este declínio físico e/ou mental poderia ser evitado por aqueles que não desejassem viver desta forma.

A oferta de cuidados paliativos de qualidade, a despeito de proporcionar uma melhora significativa na qualidade de vida desses idosos em estágio avançado de envelhecimento, não representa uma solução para quem deseja ser poupado de uma vida que apenas pode continuar na perspectiva da completa dependência (DOWNAR et al., 2020).

A sensação de se estar 'farto de viver' geralmente está ligada a limitações próprias da velhice avançada, mas não se resume a estes fatores. O cansaço existencial atinge também aspectos sociais e psicológicos profundos da vida. É uma complexa interação de fatores, como perda da dignidade, da autonomia, deterioração da saúde, dependência, vazio,[1] que pode tornar os dias do idoso insuportáveis. A desorganização física, social ou emocional pode se tornar significativa ao ponto de fazer nascer o desejo consciente e livre de morrer.

O conceito foi muito bem abordado pelo oncologista norte-americano Ezequiel Emanuel, no artigo *Why i hope to die at 75*, publicado no *The Atlantic* em 2014, no qual o bioeticista afirma que sua vida estará completa aos 75 anos (EMANUEL, 2014): "Terei amado e sido amado. Meus filhos estarão crescidos e no meio de suas próprias vidas. Terei visto meus netos nascerem e começarem suas vidas. Terei perseguido os projetos da minha vida e feito todas as contribuições, importantes ou não. E, com sorte, não terei muitas limitações mentais e físicas".

A partir da experiência de Ezequiel, a pesquisa traz dois casos do direito comparado, iniciando com David Goodall, cientista australiano e um dos mais notáveis ecologistas do país, recebeu auxílio para morrer, aos 104 anos (MAO, 2018). Goodall era um renomado professor que, a despeito de não possuir nenhum diagnóstico de doença ameaçadora da vida, buscou o suicídio assistido, sob a alegação de deterioração de sua qualidade de vida. Assim ele externou seu desejo de morrer:

> Estou infeliz. Quero morrer. Isso não é particularmente triste. O que é triste é ser impedido de fazê-lo. Sinto que uma pessoa velha como eu deve ter plenos direitos de cidadania, incluindo o direito ao suicídio assistido.

David possuía limitações físicas inerentes à senectude que restringiam sua autonomia, causando-lhe sofrimento físico e psicológico, o que o levou a tentar o suicídio por três vezes, todas frustradas. No dia do seu 104.º aniversário, Goodall, em entrevista concedida ao canal australiano ABC, lamentou chegar ao seu centenário e reafirmou que sua infelicidade advinha da impossibilidade de concretizar seu desejo de uma morte digna.

Sem autonomia para viver como lhe aprouvesse, David restou confinado a uma vida que representava um aniquilamento de sua dignidade, impedido de exercer plenamente sua autonomia para morrer na opção pelo suicídio assistido. Assim, para concretizar seu desejo, o professor viajou para a Suíça, país que admite o suicídio assistido em estrangeiros, e lá abriu a válvula para a injeção da droga letal (barbitúrico/sedativo), morrendo em 10 de maio de 2018, ao som da 9.ª Sinfonia de Beethoven (DAVID, 2018).

Goodall fora privado de exercer seus direitos da personalidade, consubstanciados, também, no respeito ao projeto pessoal de vida de cada um, e que no seu caso, incluía a escolha por uma morte digna. O drama de David esquentou o debate sobre a legitimidade do Estado para impedir, por meio de normas paternalistas, o acesso à morte digna por meio do suicídio assistido.

---

1. Esta descrição tem por base a exposição de motivos de E. Sutorius, J. Peters e S. Daniels pertencentes à Proeve van Wet que emergiu da iniciativa de cidadania «Vida concluída».

Outro caso semelhante ao de David é o de Hélène Wuillemin, francesa de 100 anos, com limitações físicas inerentes à senectude avançada que restringem sua autonomia, causando-lhe sofrimento de todo ordem (HÉLÈNE, 2020). Ela buscou o que julga uma morte digna junto às organizações de suicídio assistido na Suíça, mas, por inexistência de diagnóstico de doença terminal, foi recusada. Hélène é mais um caso de alguém que busca o suicídio assistido por vivenciar o fenômeno da *completed life*.

A causa da recusa foi a mesma de Goodall: a ausência de diagnóstico de doença que caracterize terminalidade de vida. Esse diagnóstico é exigido por algumas organizações suíças como, por exemplo, a *Dignitas* (ALEMANHA, 2020c). Há, porém, aquelas que aceitam idosos sem doenças terminais para o procedimento, como a *Lifecircle* (LIFE CIRCLE, 2020) e a *Pegasos* (PEGASOS SWISS ASSOCIATION, 2020).

Diante da recusa das instituições, Hélène deu início a um plano B, e em 25/05/2020, iniciou a prática da *Voluntarily Stopping Eating and Drinking* (VSED), que em português significa: parar, voluntariamente, de comer e beber. A opção da francesa se distancia da concepção histórica de autonomia para morrer entendida sob a perspectiva da assistência médica (eutanásia e suicídio assistido exigem a participação de um profissional), para aproxima-se da prática genuína de exercício desta autonomia, na medida em que não requer nenhuma assistência.

Nos EUA, Austrália, Canadá e Holanda já existem decisões judiciais que reconhecem o direito do paciente de realizar a *voluntarily stopping eating and drinking* (VSED) sem intervenção do Estado. Na introdução desta pesquisa fora citado um caso brasileiro de VSED, ocorrido em 2007, e tratado no documentário "Solitário Anônimo", da antropóloga Débora Diniz.

Segundo a reportagem feita com Hélène pelo portal RFi, a idosa sofre há anos por conta de dores nas pernas, joelhos e quadris, trocou a cama por um cadeirão reclinável, sua audição está comprometida, e ela se locomove com o andador. Relata que sua vida se resume a dormir, jogar alguns jogos no computador e assistir filmes, e logo pergunta:

> Você chama isso de vida? Não eu! Que vida estúpida! Sofro cada vez mais e isso não é tolerável. É inaceitável que essa questão da eutanásia e do suicídio assistido esteja tão atrasada na França. [...] Espero pacificamente a morte. Sou filósofa e realista: todo mundo morre. Mas gostaria de morrer o mais rápido possível, adormecer na minha cadeira.

Alguns países já evoluíram para reconhecer o direito ao suicídio assistido para idosos, como é o caso da Holanda, que abordaremos de forma mais detalhada no próximo capítulo, analisando o projeto de lei que propõe a disponibilização gratuita de comprimido letal a maiores de 75 anos 'cansados de viver', possibilitando o suicídio racional por *completed life* (HOLANDA, 2020b).

O caso da francesa, assim com o do australiano, amplia os questionamentos já densos sobre a dignidade do morrer. Esses casos reafirmam que valores e realidades não podem ser apreendidos objetivamente de forma a legitimar certas concepções para conformar a dignidade humana. A realidade e a ponderação de prós e contras dentro de qualquer situação existencial é eminentemente subjetiva. Envelhecer, ainda que com significativos percalços, pode representar para muitos uma benção; para outros, uma maldição.

Nessa seara personalíssima, uma vez atendidas as necessidades ligadas ao chamado mínimo existencial e estabelecidos meios que evitem lesão a direito de terceiros, abre-se o espaço no qual o exercício da autonomia é livre, cabendo ao Direito apenas fornecer instrumentos para este exercício (BORGES, 2005). Também Alexandre Cunha (2002) cita como limite ao exercício da liberdade existencial a salvaguarda de direito de terceiros, única justificativa aceitável para a criação de regras jurídicas que limitem a atuação individual.

Ricardo Lorenzetti (1998, p. 45) discursa com maestria sobre a alteridade como limite à autonomia individual:

> A 'esfera íntima' é o âmbito absolutamente de proteção da vida privada, porque se desenvolvendo dentro dela, o indivíduo não influencia com seu comportamento, os demais. A Corte Suprema de Justiça da Nação [Argentina] tem afirmado que essas ações 'ficam fora da competência do ordenamento jurídico: poderão ser consideradas boas ou ruim moralmente, mas não admitem a qualificação de lícitas ou ilícitas'.

A opção pelo suicídio assistido por *completed life*, nesse cotejo que se faz com a ideia de alteridade, refoge ao alcance do Estado, porque é incapaz de alcançar a esfera de direitos alheia e diz respeito ao encerramento da própria existência, expressão máxima dos direitos de personalidade. Ao Estado não interessa (ou não devia interessar) a escolha válida e eficaz de pessoa idosa com discernimento pelo encerramento de sua vida, pois ao fim e ao cabo, ninguém é (deveria ser) obrigado a viver/envelhecer.

Sem considerar este critério norteador na averiguação da legitimidade da intromissão estatal na esfera individual, o Estado restringiria as possibilidades do indivíduo se desenvolver como lhe convier e, de certa forma, imporia concepções religiosas ou morais que não tem lugar no terreno jurídico.

A face secularizada do Estado democrático e inclusivo, ciente do pluralismo social, não pode tomar partido em questões religiosas e éticas da pessoa humana, que as avalia livremente sustentada pelo direito geral ao livre desenvolvimento da personalidade (HABERMAS, 2004). Assim, se reconhece a impossibilidade de comprometimento da autonomia de grupos vulneráveis, especialmente aqui, os idosos. E mais: se reafirma que o direito à autodeterminação do idoso deverá ser protegido, sob pena de sacrificar sua liberdade e dignidade (SANTOS; ALMEIDA, 2020).

É preciso mencionar, sem intenção de aprofundamento, que as dificuldades naturais da senectude não se confundem com a incapacidade sob a ótica jurídica. Não raro, familiares retiram a independência do idoso juridicamente capaz, sob o argumento, equivocado, de que o envelhecer os incapacita para condução de suas vidas, sem que concorra na situação os requisitos dos artigos 3.º e 4.º do Código Civil. As palavras de Ana Carolina Brochado Teixeira são (1999, p. 29) elucidativas quanto à suposta incapacidade atrelada à idade avançada:

> Sabe-se que o avançar da idade traz muitas mudanças. Entre elas, pode-se nomear a mais relevante, que se consubstancia na situação de fragilidade do idoso. Mas ela nem sempre significa fragilidade mental, impeditiva da autodeterminação. É por essa razão que o envelhecer não está atrelado à incapacidade jurídica, pois é possível um envelhecer saudável.

Resta clara a dissociação que deve ser feita quando tratamos de envelhecimento e capacidade. Registro, por fim, que independentemente da perspectiva jurídica da capacidade, qualquer limitação da capacidade negocial do idoso não influenciará na sua capacidade de ser sujeito de interesses personalíssimos, cabendo à sociedade extrair, caso a caso, o máximo de respeito à personalidade da pessoa idosa, considerando o seu melhor interesse (SANTOS; ALMEIDA, 2020).

A base da autonomia do idoso está consolidada no direito geral de personalidade que concede à ele todo poder de deliberação sobre suas atividades e exige o respeito à sua autodeterminação, sem a qual estará privado da expressão de sua vontade como meio de desenvolvimento da sua própria personalidade (MEIRELES, 2009). A preservação da autonomia do idoso, inserida na sua assistência integral, não é mero acessório de seu direito ao envelhecimento saudável, mas tida sim como uma necessidade básica do ser humano.

Para Doyal e Gough (1994), as necessidades básicas humanas consistem em saúde física e autonomia. Não se mostra tarefa árdua entender o gozo da saúde física como necessidade básica, já que sem a sua provisão, o indivíduo estará impedido de viver. Quanto à autonomia, os autores afirmam que essa se constrói na interação com os outros e no respeito às escolhas pessoais.

Na mesma esteira segue Miraci Gustin (1999, p. 81), para quem a autonomia é necessidade primordial do ser humano na realização plena de seu bem-estar. O elenco das necessidades básicas se restringe às exigências de manutenção da vida e às garantias de autonomia, pois sem elas, o homem perde sua própria condição de existência:

> A autonomia [...] é algo que brota do diálogo, da interação social, da interação familiar, dos grupos de amigos. Só quando eu consigo considerar o outro e respeitá-lo como ser humano como eu, é que eu consigo descobrir que eu sou um ser que tenho autonomia, assim como o meu outro também.

Portanto, ter autonomia é ser capaz de exercer, criticamente, o controle de sua vida, de eleger objetivos e se sentir responsável por suas decisões. Sem autonomia, o direito ao envelhecimento saudável estará comprometido, na medida em que uma das necessidades básicas do ser humano restará negligenciada (PEREIRA, 2011).

A opção pela morte em detrimento do envelhecimento avançado, como situação subjetiva existencial, pode compor o projeto de identidade e pessoalidade de alguém, que no exercício de seu poder de autodeterminação, opta pelo suicídio assistido. Nas manifestações de David Goodall e Hélène Wuillemin sobressai a indignação diante da proibição do acesso ao suicídio assistido, que ambos entendem como ato atentatório ao seu direito de autodeterminação e à morte digna.

Nesse contexto, segue a Convenção Interamericana sobre a Proteção dos Direitos Humanos dos Idosos, que em seu capítulo II, artigo 3.º, *c*, proclama como seus princípios gerais, a independência, o protagonismo e a autonomia do idoso, impondo aos Estados signatários a promoção dos direitos da pessoa idosa à luz de seu melhor interesse. Em seu capítulo VI, artigo 3.º assim preceitua:

> o direito do idoso tomar decisões, definir seu plano de vida, desenvolver uma vida autônoma e independente, conforme suas tradições e crenças, em igualdade de condições e a dispor de mecanismos para poder exercer seus direitos, sendo indispensável assegurar o respeito à autonomia do idoso na tomada de suas decisões, bem como a independência na realização de seus atos.

Postas tais premissas se conclui pela impossibilidade do Estado interferir na autonomia da pessoa idosa quanto à suas decisões existenciais, o que revelaria postura paternalista injustificada, a impedir o exercício da autonomia relacionada à sua própria morte, indispensável para a concretização do direito ao envelhecimento saudável.

Apesar dos fundamentos acima alinhavados, vivemos num Estado que, a despeito de defender a dignidade da pessoa humana como seu fundamento axiológico, não se retrai diante de escolhas pessoais ligadas à morte, revelando-se exacerbadamente paternalista, como já acima estudado.

Postos os fundamentos acima, a pesquisa prossegue para analisar o Projeto de Lei Holandês n. 35534, chamado de *Completed Life Bill*, que se aprovado, possibilitará o suicídio assistido com base na ideia de vida completa, tema desta pesquisa.

3
ANÁLISE DO PROJETO DE LEI HOLANDÊS 35534. COMPLETED LIFE BILL. LEI DE ACONSELHAMENTO EM FIM DE VIDA PARA IDOSOS, A PEDIDO

Fincadas as premissas acima, prosseguimos para analisar o projeto de lei holandês, proposto em 17 de julho de 2020, pela parlamentar Pia Dijkstra, que enfrenta a questão do suicídio assistido com base na ideia de *completed life*, considerando o crescente número de idosos holandeses que desejam ter mais autonomia em seu fim de vida.

O projeto abre mais uma exceção à criminalização do suicídio assistido (já há uma exceção prevista da lei da eutanásia), observados os requisitos nele previstos, através da avaliação do aconselhamento de fim de vida para idosos mediante solicitação. Também prevê alteração do Código Penal, da Lei das Profissões de Saúde Individual (Wet BIG) e de outras leis. Juntamente com a propositura do projeto foram juntadas a Exposição de Motivos e a Carta de Apresentação, esta última subscrita pela proponente.

A análise do projeto de lei precisa partir das razões que motivaram sua propositura, advindas da conjuntura histórica holandesa e da atual importância do tema na sociedade.

3.1 PERSPECTIVA HISTÓRICA E RELEVÂNCIA DO TEMA PARA A SOCIEDADE HOLANDESA

Todas as disposições do Código Penal holandês relacionadas ao suicídio assistido tiveram origem na herança judaico-cristã, uma vez que a Igreja sempre os considerou como um grave pecado. Esta moralidade coletiva imposta pela Igreja influenciou o direito penal e já no século XVIII o suicídio era cada vez mais visto como uma doença. Muito depois este entendimento foi superado e a sociedade passou a entender que o suicídio poderia ter causas sociais (LOWAGIE, 2019)[1].

---

1. Disponível em: https://historiek.net/zelfmoord-in-de-middeleeuwen-een-grote-schande/18034/. Acesso em: 15 jun. 2021.

O Código Penal holandês de 1886 trouxe, em seus artigos 293 e 294, a proibição do término da vida de uma pessoa tanto a seu pedido (eutanásia) quanto com recebimento de assistência (suicídio assistido). A vida, naquele momento histórico e constitucional holandês, era tida como um valor suprapessoal, naquela concepção heterônoma de dignidade que tratamos no primeiro capítulo desta obra.

Ao Estado não interessava o valor dado à vida pelo indivíduo, uma vez que a opção estatal foi pela adoção de uma visão heterônoma do valor da vida, na qual ela era compreendida a partir de valores compartilhados pela sociedade, de forma que o Estado estava legitimado a limitar ações que agredissem o bem jurídico, em nome da ordem e do interesse público. Assim, a vida era protegida, apesar do indivíduo.

Durante a segunda metade do século XX, surgiram várias ações judiciais contra indivíduos e médicos que haviam realizado a eutanásia em entes queridos, tais casos emblemáticos, como o Postma (1973)[2] e o Schoonheim (1984)[3], intensificaram o debate público sobre o tema entre os holandeses (BEEKMAN, 2015).

A contar da década de 1970, e a partir dos casos acima mencionados, os requisitos de devida diligência foram gradualmente desenvolvidos e a Suprema Corte holandesa decidiu que a eutanásia seria permitida sob certas condições com base no estado de emergência (WEYERS, 2004).

O caso Postma, inclusive, foi a causa imediata da constituição, em 1973, da Sociedade Holandesa para o Termo Voluntário da Vida – NVVE, que em 2015, já contava com cerca de 163 mil membros, quando a Holanda possuía cerca de 16,9 milhões de habitantes (SAGEL-GRANDE, 2017).

Outro marco na trajetória histórica do suicídio assistido e da eutanásia na Holanda ocorreu com o ensaio do professor e juiz emérito Huib Drion intitulado " O fim desejado pelos idosos" , publicado no NRC Handelsblad em 1991 (DRION, 1991). Drion defendeu a provisão de um meio pelo qual os idosos pudessem encerrar suas vidas em momento que lhes parecesse apropriado. Para Drion, o sentimento identificado em grande parte dos idosos holandeses, depois denominado de *completed life*, deveria ser suficiente para que tivessem o direito ao acesso ao suicídio assistido/eutanásia.

Huib foi o primeiro acadêmico holandês a afirmar a obrigação do Estado de fornecer medicamento letal a cidadãos maiores de 70 anos, de forma que eles pudessem decidir, de forma autônoma, quando encerrar suas vidas (SERBETO, 2020). Seus escritos influenciaram o debate parlamentar holandês, resultando na aprovação da Lei n. 194, *Termination of Life on Requestand Suiced Assisted*[4], traduzida como 'Lei

---

2. Caso Postma: Leeuwaarden District Court, 21 de fevereiro de 1973, ECLI: NL: RBLEE: 1973: AB5464.
3. Caso Schoonheim: eutanásia permitida sob certas condições: HR 27 de novembro de 1984, ECLI: NL: HR: 1984: AC8615.
4. NETHERLANDS. Termination of Life on Request and Assisted Suicide (Review Procedures) Act, 2002. Disponível em: https://pubmed.ncbi.nlm.nih.gov/15712446/. Acesso em: 18 ago. 2021.

relativa ao Término da Vida sob Solicitação e Suicídio Assistido, também chamada Lei da Eutanásia (HOLANDA, 2020a).

Em 2000, o caso Brongersma trouxe novamente à tona a ideia antes posta por Drion, o direito de encerrar a vida com base no conceito de *completed life*. O ex-senador E. Brongersma, de 86 anos, tendo já perdido toda a sua família, experimentava um sofrimento por ele considerado insuportável diante da falta de sentido na existência, e recebeu auxílio de seu médico para cometer suicídio. Embora os tribunais pudessem presumir o sofrimento de Brongersma, a questão que se levantou foi se este sofrimento era desesperador e insuportável a ponto de legitimar o estado de emergência, mesmo diante da inexistência de doença clinicamente classificada.

O Tribunal do Haarlem, com base em parecer técnico que reconheceu a possibilidade do sofrimento insuportável também advir da ausência de perspectiva de melhora e perda da autonomia pessoal, decidiu que o sofrimento de Brongersma justificava o recurso ao estado de emergência[5].

Em recurso, testemunhas e especialistas afirmaram que o vazio e a falta de perspectiva certamente desempenham papel relevante na avaliação do sofrimento, mas que um médico não estaria legitimado para realizar eutanásia ou suicídio assistido se a causa do pedido não fosse classificável como médica. Assim, o tribunal concluiu que, mesmo diante de sofrimento existencial que legitime um pedido de eutanásia ou suicídio assistido, não é o médico o profissional habilitado para avaliar a intolerabilidade e intratabilidade deste sofrimento que caracteriza o *completed life*. Mesmo tendo condenado o médico, o tribunal, considerando que ele agiu de forma consciente, não impôs nenhuma punição[6].

A decisão do Supremo Tribunal holandês no caso Brongersma findou por criar diretrizes para a morte assistida no país, já que reconheceu a competência do médico para avaliar sofrimento insuportável somente se advindo de uma condição médica. Sem a causa médica classificável, o suicídio assistido estaria fora da expertise médica e não poderia ser por ele oferecido ao idoso (DE VRIES, 2004).

Este caso foi abordado no debate parlamentar sobre a lei da eutanásia, quando se questionou se o sofrimento existencial deveria também ser incluído pela nova lei. O então Ministro da Justiça, AK Korthals, afirmou que: (...) *não chegamos ao ponto de acreditar que quem já não tem vontade de viver deva, portanto, ter a possibilidade regulamentada de ter a vida terminada*".[7] Assim, a discussão sobre a possibilidade dos assim chamados " cansados de viver" serem elegíveis para ajuda, nos termos da lei da eutanásia, foi rejeitada com ampla aprovação[8].

---

5. Tribunal de Haarlem, 30 de outubro de 2000, ECLI: NL: RBHAA: 2000: AA7926.
6. Tribunal de Apelação de Amsterdã, 6 de dezembro de 2001, ECLI: NL: GHAMS: 2001: AD6753.
7. Documentos do Parlamento II 2001/02, 26 691, n. 22, p. 59 (tradução livre).
8. Depoimento do juiz Borst, por ocasião da aprovação da lei da eutanásia, no qual afirma q a sociedade ainda não está madura para tratar da eutanásia ou SA com base na *completed life*: Documentos do Parlamento II 2001/02, 26 691, n. 22, p. 76.

Após a decisão no caso de Brongersma, o Conselho da Federação da Sociedade Real Holandesa para a Promoção da Medicina (KNMG) criou, em 2001, um comitê para aconselhar sobre o papel dos médicos na morte de pacientes que alegassem como fundamento de seu pedido o *completed life*. A comissão era multidisciplinar e foi chefiada pelo Professor emérito de psicologia clínica e psicoterapia, JH Dijkhuis.

O comitê publicou seu relatório em 2004 concluindo de forma diferente da jurisprudência holandesa. Segundo a comissão, o suplício das pessoas que experimentam o sofrimento existencial representado pelo *completed life* não foi contemplado na definição dada pelo governo, razão pela qual ampliou deliberadamente esta definição para incluir o sofrimento existencial e multidimensional como motivador de um desejo persistente de morte, sem que a causa principal seja uma doença (KNMG, 2004).

O Conselho da Federação da Sociedade Real Holandesa para a Promoção da Medicina, com base nas conclusões do Comitê Dijkhuis, a partir de 2011, reconheceu a necessidade da existência da causa médica para que o pedido de eutanásia ou de suicídio assistido seja realizado por um médico. Mas, reconheceu também que a interpretação do conceito de sofrimento é muito mais complexa e ampla, de modo que vulnerabilidades, incluindo perda de autonomia e solidão, também podem ser consideradas na avaliação do médico sobre um pedido de eutanásia (KNMG, 2011).

O conselho também concluiu que a soma de problemas médicos e não médicos podem levar a um sofrimento desesperador e insuportável, que se enquadre nos termos da lei de eutanásia. Ainda assim, quando causas não médicas de sofrimento prevalecem, como no caso do sofrimento existencial advindo da sensação de que sua vida está completa, outros especialistas deveriam avaliar o quadro.

Em 2011, o caso Heringa chega aos tribunais holandeses: um filho não médico assiste ao suicídio de sua mãe de 99 anos. Em suas alegações, o filho afirma que sua mãe sofria de insuficiência cardíaca, entre outros comprometimentos físicos, demonstrando cansaço diante da luta permanente e incessante contra a dependência. Sem acesso aos critérios da lei da eutanásia, Heringa buscou comprimidos letais para ajudar sua mãe. Em data acertada, e após gravação na qual a Sra. Heringa indicava seu desejo de morrer por estar cansada da vida, o suicídio se consuma[9].

Heringa foi processado e o Tribunal Distrital de Gelderland o condenou, rechaçando sua tese de existência de motivo de força maior, além de ter reconhecido a efetiva possibilidade de complicações no procedimento já que o filho não era médico. Embora condenado, Heringa não foi punido porque teria agido por amor[10].

Em recurso, o Tribunal de Apelação de Arnhem-Leeuwarden reformou a decisão anterior, reconhecendo a existência do estado de emergência e declarando que o

---

9. Broadcast Network, *"último desejo de Moek. Uma morte autodirigida."* (8 *de fevereiro de 2010).*
10. Tribunal Distrital de Gelderland, 22 de outubro de 2013, ECLI: NL: RBGEL: 2013: 3976.

processado agiu com o devido cuidado e cumpriu as condições constantes na lei da eutanásia[11]. Em novo recurso do Ministério Público, o Supremo Tribunal anulou a decisão de Arnhem-Leeuwarden e remeteu o caso ao Tribunal de Recurso de Hertogenbosch, que condenou Heringa pelo crime de suicídio assistido, tendo, porém, suspendido a pena. O Supremo Tribunal confirmou esta decisão em abril de 2019[12].

Apesar do debate público, o legislador holandês criminalizou o suicídio assistido por não médicos e deixou de alterar a regulamentação legal, assim o suicídio assistido é punível por lei a menos que as condições da lei de eutanásia sejam atendidas.

Nesta evolução social da ideia sobre o direito de morrer de idosos na Holanda, teve destaque o *Uit Vrije Wil Initiative Group* (Grupo de Iniciativa de Livre Arbítrio), que lançou um manifesto em fevereiro de 2010, visando legalizar a morte assistida para idosos que consideram ter atingido a *completed life* (BEEKMAN, 2015). O Grupo, ligado ao NVVE, defendia o direito à autodeterminação dos idosos no fim de suas vidas. Segundo apontaram, muitos idosos sentiriam um grande alívio por saber que há uma forma de encerrar suas vidas respeitosamente no momento que julgarem adequado. Aproximadamente 30% dos cidadãos holandeses apoiam um sistema baseado na autonomia, como proposto pelo grupo (VAN WIJNGAARDEN; LEGET; GOOSSENSEN, 2014)

Em pouco tempo, o manifesto do Grupo recebeu apoio de cerca de 117.000 mil pessoas, e ainda em 2010, foi submetido à discussão parlamentar por meio da iniciativa popular[13], tendo sido aprovada moção para inclusão do tema quando da segunda avaliação da lei de eutanásia. Em 2013 ocorreu a referida reavaliação, no entanto os Ministros da Saúde, da Segurança e da Justiça desconsideraram a monção aprovada e declararam que não desejavam alterar a legislação neste ponto[14].Elementos deste manifesto foram usados na elaboração do projeto de lei que analisamos neste estudo.

Ainda em 2012, o governo Rutte[15] comprometeu-se a retomar o debate social sobre o fim voluntário da vida, e em 2013, o gabinete anunciou a criação de um Comitê de Experts para aconselhar nos dilemas sociais e nas possibilidades jurídicas do suicídio assistido para com base na ideia de *completed life*.

Este Comitê dos Experts emitiu seu parecer em janeiro de 2016 concluindo que a ideia de vida concluída era de cunho extremamente pessoal, feita por pessoas idosas que, pela própria velhice avançada, já acumulariam queixas que as enquadrassem nos requisitos estabelecidos na lei da eutanásia. O parecer afirmou que não há

---

11. Tribunal de Apelação de Arnhem-Leeuwarden, 13 de maio de 2015, ECLI: NL: GHARL: 2015: 3444.
12. HR, 16 de abril de 2019, ECLI: NL: HR: 2019: 598.
13. Na Holanda, os cidadãos podem inserir temas na agenda parlamentar por meio de uma iniciativa popular, que deverá ter, no mínimo, 40.000 mil declarações de suporte.
14. Artigos Parlamentares II 2012/13, 31 036, n. 7.
15. Em 2012, Mark Rutte formou um governo de coalisão com o Partido do Trabalho vencendo as eleições e formando o Governo Rutte I. Disponível em: https://www.dw.com/pt-br/liberais-vencem-elei%C3%A7%-C3%B5es-acirradas-na-holanda/a-16236314. Acesso em: 11 ago. 2021.

espaço para o reconhecimento de situações de " vida completa" onde o sofrimento não possui base médica e, ao final, considerou indesejável permitir mais liberdade em relação ao suicídio assistido do que a permitida pelo atual cenário jurídico.

Em outubro de 2016, o governo Rutte respondeu ao relatório do Comitê concordando quanto à boa funcionalidade da lei da eutanásia, porém afirmou que é legítimo o pedido de auxílio para morrer com base no *completed life*, já que, nesses casos, as pessoas experimentam um sofrimento existencial que justifica seu desejo de encerrar a sua vida. Assim, o gabinete enfatizou que uma resposta deveria ser encontrada para dar concretude a este desejo crescente dos idosos holandeses por mais autonomia em relação a seu próprio fim da vida[16].

Postas as premissas históricas, a pesquisa passa a retratar o anseio atual da sociedade holandesa acerca do tema. Como acima já descrito, a *completed life* refere-se à pessoas de idade avançada que, em algum momento, experimentam sensações de perda da dignidade pessoal, deterioração da saúde, dependência crescente e declínio na vida, de modo que suas vidas lhes parece longa demais e alegam estarem " fartos de viver" [17].

Este grupo de idosos que pode vivenciar o *completed life* está crescendo devido ao aumento da expectativa de vida, controle de doenças e melhoria dos cuidados de saúde. Essas pessoas desejam permanecer fazendo suas próprias escolhas e organizando suas vidas de acordo com seus próprios desejos e percepções, rejeitando a perda da autonomia no momento de escolher a própria morte.

O projeto de lei analisado responde ao desejo crescente destes idosos por mais autonomia, caso eles considerem suas vidas completas e desejem terminá-la com dignidade e no momento de sua escolha. Ao abrir uma exceção à criminalização do suicídio assistido por um conselheiro de fim de vida, este projeto de lei oferece a este grupo de pessoas a oportunidade de encerrar sua vida com dignidade conforme sua própria escolha.

A iniciativa é um complemento à atual exceção à criminalização do suicídio assistido constante na Lei de Rescisão de Vida a Pedido e Revisão de Suicídio Assistido (Lei da Eutanásia), na qual um médico, atendidos os critérios de cuidados, pode oferecer auxílio ao suicídio a um paciente com sofrimento insuportável oriundo de um quadro médico. A atual lei da eutanásia não oferece espaço para pessoas que, sem uma condição médica classificada, apresentem cansaço existencial que justifique a insuportabilidade de seu sofrimento. Ora, a condição medica médica não é a única a justificar um pedido consistente e duradouro de morte.

---

16. Documentos do Parlamento II 2016/17, 32 647, n. 55. p. 8. Disponível em: https://www.houseofrepresentatives.nl/. Acesso em: 25 ago. 2021.
17. Esta descrição tem por base a exposição de motivos de E. Sutorius, J. Peters e S. Daniels pertencentes à Proeve van Wet que emergiu da iniciativa de cidadania "Vida concluída".

Assim, a nova lei proposta dispensará o critério da base médica para atender a um pedido explícito de ajuda à morte, proporcionando ajuda cuidadosa e profissional às pessoas que consideram suas vidas completas e que optem por morrer de forma digna.

A relevância deste projeto de lei também se justifica na própria evolução histórica acima descrita que mostra uma sociedade que reflete e deseja soluções sobre o tema. Hoje a questão do auxílio para morrer à idosos sem uma conjuntura médica é um problema sério para um número crescente e significativo de holandeses que desejam ter direito à autodeterminação, e não porque sofrem de uma doença ameaçadora da vida ou de depressão severa, mas porque consideram que suas vidas não valem mais a pena serem vividas (VAN WIJNGAARDEN; LEGET; GOOSSENSEN, 2016a).

Além disso, várias pesquisas foram realizadas desde então, todas mostrando que uma parcela considerável da população holandesa é favorável à regulamentação dos casos de auxílio para morte de idosos com base no *completed life*, isto é, independente de sofrimento oriundo de doença (VAN WIJNGAARDEN; LEGET; GOOSSENSEN, 2016a).

Em 2012, Buiting, et al. (2012 apud VAN WIJNGAARDEN; LEGET; GOOSSENSEN, 2015, p. 192) promoveram um estudo para averiguar qual a percepção e atitude dos idosos em relação à pílula de fim de vida. Os participantes foram perguntados se solicitariam a medicação acaso viessem a sentir-se cansados de viver, mesmo sem a presença de uma doença severa. Os percentuais foram 31% em 2001, 33% em 2005 e 45% em 2008.

Em relação ao frequente paradigma psicopatológico (deficiência cognitiva, depressão, transtornos, luto patológico, suicídio) que as pessoas associam ao desejo de morrer em pessoas idosas, merece destaque especial o primeiro estudo de entrevista em profundidade realizado com este específico grupo de pessoas, para compreender sua experiência de vida.

O estudo buscou compreender o que os idosos querem dizer ao considerarem suas vidas encerradas, quais as suas motivações subjacentes. Um dos achados da pesquisa foi que essas pessoas não se percebem de forma alguma como mentalmente doentes. Elas rejeitam terminantemente a sugestão de que seu desejo de morrer seja originado numa patologia e se vem como pessoas 'normais' com um desejo razoável de morrer, que não estão em busca de ajuda ou tratamento, mas em busca de uma morte digna (VAN WIJNGAARDEN; LEGET; GOOSSENSEN, 2015, 2016b).

O painel de opinião da EenVandaag de 2013 mostrou que 62% dos holandeses pensa que o suicídio assistido deve ser fornecido se alguém está cansado da vida[18]. Em 2016, 65% dos holandeses acreditava que o suicídio assistido deveria ser permitido

---

18. Disponível em: https://eenvandaag.avrotros.nl/item/eerder-gehoord-euthanasie-bij-levensmoeheid/. Acesso em: 10 ago. 2021.

por *completed life*. A participação neste painel de opinião foi de 33.318 membros[19]. Outra pesquisa da NRC Handelsblad mostrou que 63% dos entrevistados concordam que uma pessoa idosa (75+) na Holanda deve ter acesso a meio pelo qual possa acabar com a própria vida quando considerar a hora certa[20].

O De Telegraaf, de 15 de outubro de 2016, colheu a concordância de 77% dos participantes com a declaração do dia: A eutanásia quando a vida se completa é humana[21]. O Central Bureau of Statistics informou que 55% dos holandeses acreditam que a eutanásia para pessoas saudáveis – deve ser possível sob certas circunstâncias[22]. E novamente o De Telegraaf, de 01 de fevereiro de 2020 colheu a concordância de 62% dos participantes quanto a disponibilização de medicamento letal para as pessoas que desejam ativamente morrer, mesmo que não sofram de forma insuportável[23].

Por fim, mais recentemente, em 2020, foi apresentado o relatório do estudo PERSPECTIVE intitulado " Perspectivas sobre o desejo de morte de pessoas idosas que não estão gravemente doentes: o homem e os números" , no qual se buscou uma visão sobre o grupo de pessoas que consideram suas vidas completas e têm um desejo ativo de morrer[24]. O quadro que emerge do estudo mostra que o desejo de morte ocorre em pessoas de 55-75 anos, com um aumento significativo nos grupos de idade mais avançada (75+).

Nesta faixa etária há um 'grupo substancial de idosos'[25] que não vêm perspectivas futuras e desejam morrer sem ficar gravemente doente. Embora a pesquisa ressalte a importância de se buscar formas de melhorar o atendimento e cuidados com os idosos, também deve-se levar em conta que o desejo de morrer nem sempre é resolvível.

Como se pode perceber, o desenvolvimento social que permitiu a formulação deste projeto repercutiu não apenas na jurisprudência e na legislação, mas também na opinião pública holandesa que, hoje, reconhece a impossibilidade de se separar o valor da vida do indivíduo que a carrega.

---

19. Disponível em: https://eenvandaag.avrotros.nl/item/nieuwstrend-felle-discussie-over-plan-stervenshulp/. Acesso em: 10 ago. 2021.
20. Disponível em: https://www.nrc.nl/nieuws/2016/02/05/dit-rapport-is-niet-het-einde-van-de-discussie--1588363-a845797. Acesso em: 10 ago. 2021.
21. Disponível em: https://www.telegraaf.nl/watuzegt/1283147/uitslag-stelling-zelf-het-einde-bepalen. Acesso em: 10 ago. 2021.
22. Disponível em: https://www.cbs.nl/nl-nl/achtergrond/2019/47/opvattingen-over-euthanasie. Acesso em: 10 ago. 2021.
23. Disponível em: https://www.telegraaf.nl/watuzegt/841669707/uitslag-stelling-autonomie-over-einde-leven. Acesso: 1.º ago. 2021.
24. Anexo 921777 aos Documentos Parlamentares II 2019/20, 34 990, n. 5. Disponível em: https://www.houseofrepresentatives.nl/. Acesso em: 25 ago. 2021.
25. Anexo n. 921777 de Documentos Parlamentares II 2019/20, 34 990, n. 5, p. 11: O sub-inquérito entre a população em geral mostra que existe um grupo pequeno, mas substancial de idosos (55+) que deseja morrer sem ficar gravemente doente. Uma pequena parte deste grupo também deseja acabar com a vida. Disponível em: https://www.houseofrepresentatives.nl/. Acesso em: 25 ago. 2021.

3.2 ASPECTOS CONSTITUCIONAIS E LEGAIS PERTINENTES AO PROJETO

A Constituição holandesa não contém quaisquer disposições nas quais surja o direito a encerrar a vida, também não contém nenhuma que o impeçam diretamente. Embora valores como a proteção da vida e o direito à autodeterminação estejam expressos nos artigos 10 e 11 da Constituição, não há consenso sobre o significado normativo desses direitos fundamentais para a regulamentação do suicídio assistido[26].

Na medida em que o artigo 10 da Constituição holandesa é interpretado de forma ampla, as restrições ao direito nele contido devem ser estabelecidas por lei. Este requisito foi cumprido com o projeto de lei em análise, conjugado com a proposta de alteração do artigo 294 do Código Penal.

No âmbito internacional, a Convenção Europeia para a Proteção dos Direitos do Homem e das Liberdades Fundamentais (CEDH) oferece base substancial para que se enquadre o presente projeto de lei no marco jurídico internacional, já que a convenção contém disposição sobre o direito à vida (artigo 2.º).

Este direito também está consagrado no artigo 2.º da Carta dos Direitos Fundamentais da UE, no artigo 6.º do Pacto Internacional sobre os Direitos Civis e Políticos (PIDCP) e no artigo 3.º da Declaração Universal dos Direitos do Homem.

O Tribunal Europeu dos Direitos Humanos, em sua jurisprudência, também reconhece o direito do indivíduo conduzir sua existência de forma independente e de decidir quando e como quer terminar sua vida, com base no artigo 8.º, da Convenção Europeia de Direitos Humanos.[27] O dispositivo assume que a lei nacional pode ser restrita, por razões de proteção à vida de terceiros, mas não pode anular totalmente a autonomia pessoal.

Tendo em conta o princípio do respeito pela dignidade e liberdade humanas que determina a convenção, o Tribunal considera que o artigo 8.º da CEDH abrange também as ideias relativas à vida de qualidade que, em tempos de crescente progresso da medicina e aumento da expectativa de vida, pode ser avaliada em relação à recusa de viver situações que contrariam sua identidade pessoal. Nem todos desejam viver até a ancianidade ou em estado de grave deterioração física e/ou mental.

Nuno Manuel Pinto Oliveira (2016), em estudo sobre o direito de autodeterminação para morte na Convenção mencionada, cita o caso Pretty[28] contra o Reino

---

26. Ver, entre outros: BC van Beers, Comentário sobre o artigo 11 da Constituição, em: EMH Hirsch Ballin e G. Leenknegt (Ed.). *Comentário artigo a artigo sobre a Constituição*, p. 6-7, e: MM Groothuis, Comentário sobre o Artigo 10 da Constituição, em: EMH Hirsch Ballin e G. Leenknegt (Ed.). *Comentário artigo a artigo sobre a Constituição*, p. 26, edição web 2020. Disponível em: www.nederlandrechtsstaat.nl. Acesso em: 12 ago. 2021.

27. Artigo 8.º. Direito ao respeito pela vida privada e familiar. 1. Qualquer pessoa tem direito ao respeito da sua vida privada e familiar, do seu domicílio e da sua correspondência.

28. Acórdão do Tribunal Europeu dos Direitos do Homem de 29 de julho de 2002 (Pretty contra o Reino Unido).

Unido, em 2002, que envolvia uma mulher inglesa portadora de uma doença fatal que desejava morrer, mas precisava da ajuda de seu marido. A lei inglesa não proíbe o suicídio, mas a assistência sim. Quanto à proibição de assistência ao suicídio no Reino Unido, o Tribunal considerou a interferência necessária para proteger os vulneráveis e julgou que o país permaneceu dentro da margem de apreciação que lhe cabe.

Também emblemático foi o acórdão do caso *Haas* contra a Suíça[29], em 2011, quando um suíço com doença psiquiátrica, que já havia tentado suicídio duas vezes, não conseguiu encontrar um médico que estivesse disposto a prescrever o medicamento letal necessário. Na Suíça, o suicídio assistido só é punível se for feito " por motivos egoístas", no entanto, independentemente desse critério, a exigência de prescrição para a obtenção do medicamento impedia a realização do ato, na medida em que dependia da disposição de um médico fornecer a prescrição. O acórdão de 30 de janeiro de 2011 sustenta:

> [o] direito de um indivíduo decidir de que modo e em que momento deve a sua vida terminar, desde que esteja em condições de formar livremente a sua vontade e de agir conforme a sua vontade [livremente formada], é um dos aspectos do direito ao respeito da vida privada, protegido pelo art. 8.º da Convenção.[30]

Nos casos citados, o artigo 8.º da CEDH funcionou como um direito de defesa reconhecendo direito do indivíduo de conduzir sua existência e decidir quando e como deseja morrer, porém, pelo que se percebe, não fora suficiente para garantir a autodeterminação para morte das pessoas envolvidas. O Tribunal, portanto, deve declarar, também com base no artigo 8.º da Convenção, não apenas um reconhecimento deste direito, mas também a obrigação positiva do Estado de adotar medidas que viabilizem a decisão do indivíduo de pôr termo à sua vida.

Assim como no caso *Pretty*, também no caso *Haas* o Tribunal julgou que a Suíça permaneceu dentro da margem de apreciação conferida pela Convenção quanto à questão da prescrição do medicamento letal.

A despeito das decisões acima terem julgado que os países demandados mantiveram-se dentro de sua margem de apreciação, certo é que a jurisprudência do TEDH reconhece a vida como um direito individual, e não como um dever resultante de um valor suprapessoal. Embora a Convenção não contenha o direito de morrer expresso, seu artigo 8.º, antes citado, prescreve o direito ao respeito pela vida privada, que inclui as noções de autonomia e escolha para evitar um fim de vida indigno e angustiante.

A Corte Europeia dos Direitos Humanos, inclusive, já se manifestou sobre o tema *completed life* no caso Gross v. Switzerland, de 2014, quando Alda Gross requereu

---

29. Acórdão do Tribunal Europeu dos Direitos do Homem de 30 de janeiro de 2011 (Haas contra a Suíça).
30. Acórdão do Tribunal Europeu dos Direitos do Homem de 30 de janeiro de 2011 (Haas contra a Suíça): "the Court considers that an individual's right to decide by what means and at what point his or her life will end, provided he or she is capable of freely reaching a decision on this question and acting in consequence, is one of the aspects of the right to respect for private life within the meaning of Article 8 of the Convention".

acesso a medicamentos capazes de interromper sua vida, sob o argumento de que, apesar de não possuir condição médica, sentia-se fraca e não desejava sofrer com a deterioração das suas faculdades físicas e mentais.

A Corte condenou a Suíça pela violação ao seu direito à privacidade (art. 8.º da Convenção), devido à impossibilidade de Gross de ter acesso a uma prescrição de droga letal para acabar com sua vida, pontuando que compete às autoridades nacionais emitir orientações claras sobre em que circunstâncias alguém poderia receber a dose letal, procedimento que a Suíça não teria ainda feito efetivado[31].

Assim, permanece como precedente favorável à *completed life pill* a utilização do direito à privacidade (art. 8.º) como fundamento da existência de um direito de pôr fim à própria vida.

Outra recente julgamento no âmbito internacional que vale ser citado neste estudo é a decisão do Tribunal Constitucional Alemão, de fevereiro de 2020, que derrubou a validade da §217 do Código Penal alemão (ALEMANHA, 2020b), asseverando que os indivíduos têm direito de autodeterminação em relação à própria vida e de filiação à organizações que os auxiliem no suicídio. O diferencial paradigmático do julgado não foi o reconhecimento da possibilidade de acesso ao suicídio assistido (já permitido se a assistência é prestada de forma não empresarial), mas a amplitude dada ao direito de autodeterminação para a morte, tendo a Corte reafirmado esse direito independentemente da existência de doença incurável, podendo ser exercido em qualquer fase da existência pessoal.

Trazendo o debate para o âmbito nacional holandês, verifica-se que o projeto de lei analisado está de acordo com a jurisprudência do TEDH e visa, inclusive, evitar a ambiguidade que o Tribunal considerou presente nos casos da Suíça e no Reino Unido, ao regulamentar que a prescrição de recursos de auxílio para morte será feita por conselheiros autorizados.

Assim, diante da proposta contida neste projeto, poderia se pensar em colisão de princípios constitucionais, porém o conflito é apenas aparente uma vez que é possível acomodar os direitos fundamentais envolvidos neste contexto: o direito à vida e a correspondente obrigação do Estado de protegê-la; e o direito das pessoas escolherem o momento de encerrar suas vidas de forma digna com a correspondente obrigação do Estado de adotar medidas que possibilitem a realização do ato.

Nesse cenário, o direito à vida, entendido como princípio constitucional, e analisado dentro da esfera pessoal do indivíduo, não está imune a ponderação, pela regra da proporcionalidade, diante de outros princípios constitucionais, também tidos por invioláveis, como a dignidade da pessoa humana e a liberdade. Em várias situações, as normas acabam por colidir exigindo que se estabeleça entre elas a relação de precedência condicionada (ALEXY, 2008).

---

31. *European Court Of Human Rights*: case of Gross v. Switzerland, 2014 apud Buijsen, 2018, p. 372.

Circunstâncias há em que diante do conflito entre vida e dignidade, não é proporcional a sobreposição da vida, porque o dano, nesses casos, é continuar vivendo, como aconteceu com David Goodall, e acontece com Hélène Wuillemin, casos acima estudados. A prevalência da dignidade, nessas situações, garante o direito de cada pessoa conduzir seu viver e morrer com base em seus valores. Se o princípio da dignidade da pessoa humana for utilizado para impedir que a pessoa alcance seus ideais de personalidade, sua utilização estará distorcida, porque ao invés de propiciar a dignidade humana, estará a negá-la de forma veemente (BORGES, 2005).

Os idosos elegíveis para enquadramento neste projeto seriam aqueles que estariam, por razões diversas e predominantemente não médicas, diante do desejo de morrer porque que o valor, a qualidade e a perspectiva da sua vida diminuíram demasiadamente. Se o desejo de morrer surge de vontade própria, é durável e bem pensado, a proteção da vida deve ceder lugar ao desejo de encerrá-la como forma de respeito à dignidade.

O governo tem, por certo, o dever de proteger o valor intrínseco da vida, principalmente quando se trata de pessoas vulneráveis da sociedade, mas há situações em que o fundamento da proteção à vida deve ser enfrentado de forma mais ampla, a incluir neste espectro de proteção, não apenas a vida, mas a sua a qualidade e o seu fim digno, sob pena de ser ela própria violada.

Diante dessa premissa é possível que uma pessoa, dentro do seu projeto de pessoalidade, deseje, em algum momento, decidir pela morte. O atual cenário da longevidade possibilitada pela medicina tecnológica pode esbarrar no desejo da pessoa de abreviar a vida para evitar certo contexto que não lhe pareça digno (SÁ, 2001). Concretizar a dignidade nada mais é que conceder à pessoa a liberdade para construir sua pessoalidade e conduzir sua existência da forma que lhe aprouver, uma vez que, em um Estado Democrático de Direito, todos os valores são possíveis (TEIXEIRA, 2010, p. 125).

Embora não seja o caso de todos, nessa fase da vida é comum a perda da qualidade de vida e o aumento significativo da possibilidade de conviver com uma ou mais doenças crônicas. Também é corriqueiro o enfrentamento de limitações consideráveis em várias funções orgânicas, ampliando a possibilidade de ocorrência da temida dependência de familiares e o confinamento a uma vida mais biológica que biográfica.

Na legislação holandesa já é reconhecido que o dever de misericórdia pode se sobrepor ao dever de proteger a vida do paciente, para lhe tirar o sofrimento, como é o caso evidente da Lei da Eutanásia, que permite a rescisão ativa da vida a pedido em caso de sofrimento desesperador e insuportável. Quando a qualidade de vida está seriamente comprometida e não há mais perspectiva de melhora, a valor da vida deixa de ser o único princípio moral norteador da ação médica, tendo a autodeterminação e a misericórdia fundamental papel neste cenário.

Além do princípio da autodeterminação, há que se abordar o princípio da solidariedade, que em relação aos idosos, se concentra em prevenir e remediar todas as causas que os tornam incapazes de viver com dignidade, combatendo a solidão e proporcionando bons cuidados físicos e psicológicos (TEIXEIRA; MENEZES, 2020).

Algumas pessoas rejeitarão qualquer intervenção na morte. Também existe a possibilidade de eutanásia para pessoas que sofrem de forma insuportável do ponto de vista médico. Existem, ainda, as pessoas que optam conscientemente por parar de comer e beber, prática descrita em capítulo anterior. Mas também há idosos que consideram suas vidas completas e não querem esperar mais deteriorações, desejando ter acesso a uma morte com dignidade.

A vida a ser protegida pelo ordenamento jurídico é qualificada com os predicados escolhidos por cada ser humano e respeitada segundo os parâmetros por ele mesmo ditados. A realidade não pode ser apreendida objetivamente, há tantas realidades quantas forem as pessoas debruçadas sob sua análise. O que é remédio para um, é veneno para o outro.

Viver de maneira precária, independentemente de critérios de qualidade, pode representar uma opção válida para muitos, e até, em certos contextos, uma dádiva. Mas não para todos. Por esta razão, este parâmetro não pode se constituir como modelo abstrato da dignidade no fim da vida para legitimar a limitação da autonomia de pessoas que expressam sua vontade em sentido contrário.

A vida completa ou *completed life* é uma forma de sofrimento que merece reconhecimento por parte do governo holandês que deverá descriminalizar o suicídio assistido com base na premissa do sofrimento existencial.

Por óbvio, um equilíbrio deve ser encontrado entre a autodeterminação do idoso que considera sua vida completa e o dever público de garantir o devido cuidado, e para isso várias salvaguardas foram incluídas na proposta legislativa, como será abordado mais adiante.

No fenômeno da vida completa, a autonomia do idoso está em jogo, pois ele encontra-se impedido de exercer seu direito de autodeterminação quanto à opção pelo suicídio assistido, somente por não haver uma base médica para seu pedido. Esta situação pode fazer com que os idosos percam o controle do último capítulo de suas vidas e sejam obrigados a passar pela sua fase final em sofrimento.

Enfrentadas as questões constitucionais adjacentes a temática, é relevante, nesta oportunidade, tecer considerações acerca de alguns critérios constantes do projeto de lei: limite de idade, aconselhamento e procedimento.

O projeto adota o critério etário para acesso ao suicídio assistido por *completed life*. A idade sempre foi utilizada, em várias legislações, como um critério aceitável para determinar direitos. Um limite etário como meio de designar um grupo de pessoas ao qual certas consequências jurídicas estão associadas é comum, de modo que o projeto reconhece o limite de idade como critério legítimo diante da matéria que a lei pretende regular.

A idade de 75 anos ou mais foi escolhida porque as pessoas a partir desta idade já tiveram uma vida relativamente longa e geralmente experimentam um aumento de circunstâncias características da velhice avançada. Os idosos em geral, mais capazes que são de fazer um balanço profundo de sua existência e do que está por vir, poderão determinar se ainda vale a pena viver (ERIKSON; ERIKSON, 1998).

O projeto traz o 'aconselhamento de fim de vida'. Enquanto na lei da eutanásia, a ajuda que leva à morte só pode ser prestada por um médico, o projeto de lei pressupõe que os problemas subjacentes à experiência de uma vida completa não pertencem exclusivamente à competência do médico, de modo que o interessado será submetido ao aconselhamento de fim de vida.

O sofrimento existencial pode, em princípio, estar dentro do domínio profissional médico, porém nem sempre um médico estará suficientemente qualificado para prestar ajuda a quem experimenta o fenômeno da *completed life*. A expertise em sofrimento existencial não deve se limitar àquela disponível aos médicos, sendo um problema tão específico que exige competências específicas (DIJKHUIS, 2004).

Assim, o projeto prevê que além de médicos, também enfermeiros, psicoterapeutas e psicólogos deverão ser consultados, desde que tais profissionais tenham concluído a qualificação para conselheiro em fim de vida e possuam registro público junto ao Ministério da Saúde, Bem-Estar e Esporte.

A formação dos conselheiros de fim de vida será delegada a instituições que oferecerão o programa de qualificação e decidirão quanto aos critérios de admissão e ao conteúdo do programa de estudos. O conteúdo exato da formação será determinado por grupos profissionais relevantes, mas deverá abordar todos os aspectos que garantam a capacidade de desempenhar as funções e obrigações decorrentes da lei.

Tendo em vista a responsabilidade do conselheiro em fim de vida, o projeto de lei os inclui na Lei das Profissões de Saúde Individuais (Wet BIG) e na legislação disciplinar, de modo que em caso de ação ou omissão contrária ao cuidado que deva prestar, o conselheiro em fim de vida poderá ser submetido a comitê disciplinar regional ou central e, se for o caso, ser punido com advertência, repreensão ou até o cancelamento de seu no cadastro[32].

O procedimento constante do projeto prevê que a prestação de cuidados à morte para pessoas idosas por *completed life* esteja sujeita a altos padrões de cuidado e verificabilidade, logo abaixo descritos em termos gerais.

Os requisitos para a prestação do auxílio serão verificados pelo conselheiro de sinais vitais, que orientarão o idoso quanto ao cumprimento dos critérios estabele-

---

32. Artigos 48, primeiro parágrafo, e 79 e seguintes da Lei BIG. Disponível em: https://www.houseofrepresentatives.nl/. Acesso em: 25 ago. 2021.

cidos pela lei, relatando o cuidado prestado e submetendo-se a avaliação posterior da prestação deste cuidado por um comitê de revisão.

Os idosos que desenvolveram o desejo de morrer poderão, então, recorrer a um conselheiro em fim de vida com seu pedido de ajuda, que discutirá o pedido com eles.

Devido ao importante papel geralmente desempenhado por familiares, é desejável que os membros da família sejam envolvidos no processo. Porém, muitos idosos afirmam ter dificuldade para abordar o problema porque nem sempre o desejo de morrer é compreendido. Nesses casos, o conselheiro do fim da vida pode agir como um facilitador entre as partes. No entanto, a escolha é exclusiva do idoso e deverá ser respeitada.

Da mesma forma, o conselheiro de fim de vida deve, se possível e desejado pelo idoso, consultar seu médico pessoal. Porém, se a consulta entre o conselheiro e o médico não for desejada pelo idoso, sua vontade deverá ser respeitada.

O conselheiro de fim da vida, em consulta com o idoso, deve investigar se uma nova perspectiva ainda pode ser oferecida, averiguando quais fatores contribuem para o desejo de morrer e examinando até que ponto esses fatores ainda podem ser influenciados. O idoso decidirá se outra ajuda ainda é necessária e pode recusá-la, se assim o desejar. Se as queixas médicas também contribuírem para a crença de que a vida está completa, o conselheiro em fim de vida pode consultar um médico ou especialista.

O conselheiro de fim de vida conduz pelo menos duas entrevistas extensas, durante um período de pelo menos dois meses, podendo estender este tempo ou aumentar o número de entrevistas se julgar necessário. Nesses encontros será determinada a competência decisória do idoso que redigirá uma declaração por escrito ou expressar seu desejo de morrer por meios audiovisuais e a entregará ao conselheiro. Esta declaração será formalmente confirmada em discussões subsequentes.

Também é tarefa do conselheiro informar ao idoso sobre os aspectos procedimentais da assistência em fim de vida, verificando se o idoso atingiu a idade de 75 anos e se é um cidadão holandês ou reside na Holanda há pelo menos dois anos.

Se o conselheiro de fim de vida chegar à conclusão de que todos os critérios de cuidados devidos foram atendidos, ele consultará pelo menos um outro conselheiro em fim de vida chamado 'conselheiro de fim de vida independente', que realizará pelo menos uma conversa com o idoso e confirmará formalmente a declaração citada acima. O conselheiro em fim de vida independente deverá realizar seu próprio julgamento sobre o cumprimento dos critérios de devida atenção.

Após, o conselheiro de fim da vida pode prescrever os medicamentos para o suicídio assistido. A distribuição segura do medicamento é de extrema importância. Durante o treinamento de aconselhamento de fim de vida, a operacionalização desses recursos será discutida. E como dito, os conselheiros poderão prescrever esses recursos após a conclusão bem-sucedida do treinamento nas instituições credenciadas.

O conselheiro fornece uma receita e obtém o medicamento na farmácia que será entregue pessoalmente ao idoso, na hora combinada. A entrega poderá ocorrer na presença de familiares, amigos ou outras pessoas. Sempre existe a possibilidade do idoso renunciar ao auxílio para morrer, e neste caso, a medicação deve ser devolvida ao conselheiro de fim de vida que retornará os medicamentos à farmácia.

Após a morte do idoso, o conselheiro de fim de vida informa ao médico legista municipal a causa da morte por meio do formulário e fornece relatório de acompanhamento do auxílio para morrer prestado; o relatório deverá ser repassado ao comitê de revisão regional que, por fim, avaliará se o auxílio à morte foi executado de acordo com as regras do presente projeto de lei.

3.3 O PROJETO DE LEI E SEUS ARTIGOS

Definições

Artigo 1º) Nesta Lei e nas disposições que dela se baseiam, aplicam-se as seguintes definições:

Comitê: comitê regional a que se refere o Artigo 7;

Suicídio assistido: a prescrição e fornecimento de meios de suicídio por um conselheiro em fim de vida a pedido de um idoso;

Conselheiro em fim de vida: o conselheiro em fim de vida registrado no artigo 3.º, primeiro parágrafo, da Lei das Profissões de Saúde Individuais (Wet BIG);

Drogas para suicídio: drogas referidas no artigo 1º, primeiro parágrafo, alínea b, da Lei de Medicamentos, com as quais o suicídio assistido é fornecido;

Nosso Ministro: Nosso Ministro da Saúde, Bem-Estar e Esporte;

Ancião: pessoa que atingiu a idade de setenta e cinco anos.

O termo 'comissão' refere-se às comissões regionais instituídas no artigo 7.º para a análise dos relatórios dos casos de extinção da vida a pedido e suicídio assistido a que se refere o artigo 294.º, 3.º parágrafo, do Código Penal holandês.

A definição de 'suicídio assistido' diz respeito à prescrição e disponibilização de meios para o suicídio por parte do conselheiro de fim de vida a um idoso, que deverá ser um pedido do idoso dirigido ao conselheiro de fim de vida.

'Conselheiro em fim de vida' se refere é pessoa inscrita como tal em registro, conforme referido no artigo 3.º, 1.º parágrafo, da Lei BIG[33]. O projeto de lei prevê

---

33. A Lei Wet BIG ou Lei das Profissões de Saúde Individuais (em holandês: "Wet op de beroepen in de individuale gezondheidszorg") contém a descrição da qualificação necessária para algumas profissões da saúde; visa monitorizar a qualidade do setor de saúde e proteger os pacientes de tratamento negligente

uma alteração à BIG que inclui o conselheiro de fim de vida como profissional na acepção da lei.

Por 'drogas para suicídio' entendem-se apenas os medicamentos referidos no artigo 1.º, parágrafo 1.º, *b*, da Lei dos Medicamentos.

Requisitos de devido cuidado

Artigo 2.º) Os requisitos de devida diligência, a que se refere o artigo 294, terceiro parágrafo, do Código Penal, significam que o conselheiro em fim de vida deverá:

a. verificar que o idoso é cidadão holandês ou residente nos Países Baixos há pelo menos dois anos à data de recepção da declaração referida na secção h;

b. perguntar ao idoso se ele envolveu seus entes queridos em seu pedido de suicídio assistido e, se ainda não o fez, mas é possível fazê-lo, sugeriu fazê-lo;

c. se possível e na medida em que o idoso concordar com isso, que ele consulte o seu clínico geral;

d. convenceu-se de que existe um pedido voluntário, deliberado e duradouro, quando pelo menos dois meses se passaram entre as entrevistas consecutivas com o idoso;

e. convenceu-se de que outra ajuda, focada no histórico do pedido, não é desejada;

f. estabeleceu que o titular do pedido é idoso capaz de avaliação razoável de seus interesses e recebeu uma declaração atualizada, por escrito ou por meios audiovisuais, com pedido para que lhe seja fornecido os meios necessários para viabilizar sua intenção de suicídio;

g. informou o idoso sobre os aspectos substantivos e procedimentais do suicídio assistido;

h. consultou pelo menos um outro conselheiro independente em fim de vida que atendeu o idoso e opinou por escrito sobre o cumprimento dos requisitos de cuidados devidos mencionados nas seções a a g;

i. assegura a realização profissional do suicídio assistido, que em qualquer caso inclui o cumprimento do disposto no Capítulo 3, com exceção do artigo 4.º, segundo parágrafo.

---

e/ou incompetente por parte dos profissionais de saúde. Disponível em: https://bigregister.archiefweb.eu/#archive. Acesso em: 20 ago. 2021.

Os requisitos do devido cuidado devem ser atendidos e seguem, em grande medida, a cronologia do procedimento, devendo a etapa posterior somente ocorrer após cumprida a etapa anterior.

A primeira parte contém a exigência do pedido de suicídio assistido, feito por um idoso holandês ou que esteja residindo na Holanda há pelo menos dois anos.

A segunda parte prevê que o idoso seja questionado pelo conselheiro de fim da vida sobre o envolvimento de seus parentes no pedido de suicídio; cabe ao idoso indicar se eles existem, quem são e se é de seu desejo envolvê-los no processo.

Na terceira parte, há a sugestão de consulta do conselheiro de fim de vida e o clínico geral do idoso para obtenção de panorama mais amplo da situação. Mas, também cabe ao idoso decidir se deseja esta conversa.

A seguir, o conselheiro de fim de vida receberá um pedido voluntário, bem considerado e sustentável. O critério 'voluntário' exige que o pedido tenha sido feito sem pressão externa; o critério 'sustentável' e 'bem pensado' significa que o desejo deve estar presente durante um determinado período, razão pela qual esse requisito inclui um mínimo de dois meses, durante os quais o conselheiro de fim de vida conduzirá várias entrevistas consecutivas com o idoso, com o mínimo de duas conversas.

Após, se o conselheiro de fim de vida estiver convicto de que outra ajuda, focada no histórico do pedido, não é desejada, é tarefa do conselheiro descobrir quais fatores contribuem para o desejo de morrer e considerar se ainda é possível e desejável atuar sobre esses fatores. Neste contexto, o conselheiro de fim de vida deve observar se o idoso está vivenciando sofrimento insuportável e desesperador oriundo de quadro médico, com base no qual o suicídio assistido seria possível através da lei da eutanásia.

Em seguida, comprova-se a exigência de que o idoso tenha capacidade e competência decisória; a solicitação pode ser feita por meio de declaração escrita ou audiovisual, este último pode ser uma gravação de som ou um vídeo em que a pessoa exprima o seu desejo. Em ambos os casos, a autenticidade e a data deverão ser estabelecidas na declaração escrita e comprovadamente atualizada, com nome, data e assinatura do idoso. A atualidade do pedido é protegida pela reconfirmação da solicitação no comunicado de cada reunião.

Há a obrigação do conselheiro de fim de vida de fornecer informações relacionadas aos aspectos substantivos e processuais do suicídio assistido, como por exemplo, informar que não será o conselheiro que dará fim à vida, mas o próprio idoso deverá fazer isso, e que se o idoso se abster, o conselheiro devolverá os remédios fornecidos.

Após segue-se a consulta obrigatória a um colega independente, que consultará o idoso e registrará sua própria opinião sobre o cumprimento dos critérios de devido cuidado, em declaração por escrito. Por analogia com a lei da eutanásia, o julgamento do colega conselheiro em fim de vida deve ser considerado um conselho, não havendo exigência de que o julgamento seja positivo, porém, a opinião do colega deve ser relatada apropriadamente e será avaliado pelo comitê regional.

Assistência de supervisão

Artigo 3.°) Determinação da hora pretendida para o suicídio

Se os requisitos do devido cuidado mencionados no Artigo 2.°, de a a h, tiverem sido atendidos, o conselheiro em fim de vida consultará o idoso a fim de determinar a época do suicídio pretendido pelo idoso.

O artigo 3.° regula o procedimento que se seguirá após o cumprimento dos requisitos de cuidado, consultando o idoso para determinar um momento para o suicídio, ocasião em que o conselheiro de fim de vida realmente fornecerá aos idosos os meios de suicídio, de acordo prescrito no artigo 4.°.

Artigo 4.°) Prescrição e fornecimento de drogas suicidas

1. Após a determinação a que se refere o Artigo 3.°, o conselheiro do fim da vida prescreve os meios de suicídio.

2. O farmacêutico fornecerá ao conselheiro em fim de vida apenas os suicídios prescritos de acordo com o primeiro parágrafo. Não se aplica o artigo 61, parágrafo nono, segunda frase, da Lei de Medicamentos.

O Artigo 4.°, parágrafo 1.°, contém a norma segundo a qual o conselheiro de fim de vida prescreve os meios de suicídio depois de determinado quando o procedimento ocorrerá. A prescrição deve obedecer aos termos da Lei de Medicamentos, que prevê que medicamentos podem ser prescritos pelo conselheiro de fim de vida, conforme artigo 36, parágrafo 14, da Lei BIG.

O 2.° parágrafo contém um regulamento sobre a transferência de recursos: os medicamentos para suicídio só podem ser fornecidos pelo farmacêutico ao conselheiro de fim de vida.

Artigo 5.°) Fornecimento e devolução de suicídios

1. O conselheiro de fim de vida:

   a. não forneça meios de suicídio ao idoso antes do prazo referido no Artigo 3.°;

   b. assegura que os medicamentos fornecidos e não utilizados pelo idoso sejam entregues o mais rapidamente possível ao farmacêutico referido no artigo 4.°, segundo parágrafo.

2. A Seção 61, subseção 1, da Lei de Medicamentos não se aplica.

O artigo 5.º, parágrafo 1.º, trata da obrigação do conselheiro de fim de vida se abster de fornecer os meios de suicídio antes do momento estabelecido, conforme artigo 3.º. A parte *b* trata da obrigação de devolução ao farmacêutico, dos medicamentos não usados pelo idoso, garantindo que os suicídios sejam sempre confiados aos cuidados de um farmacêutico ou conselheiro de fim de vida. O 2.º parágrafo estipula que a proibição de dispensar medicamento, prevista no artigo 61, 1.º parágrafo, da Lei de Medicamentos, é inaplicável.

Artigo 6.º) Presença de conselheiro de vida em caso de suicídio

O conselheiro de fim da vida estará presente no suicídio do idoso. O artigo 6.º não exclui que outras pessoas, como familiares ou amigos, também possam estar presentes no momento.

Revisão por comitês de revisão regional

Artigo 7.º) Estabelecimento, composição, nomeação, demissão e remuneração

1. Existem comissões regionais de análise de relatórios de casos de suicídio assistido a que se refere o artigo 294, parágrafo terceiro, do Código Penal.

2. Um comitê consiste em um número ímpar de membros, incluindo pelo menos um advogado, também presidente, um conselheiro em fim de vida e um especialista em questões éticas ou significativas. Uma comissão é composta por membros suplentes de cada uma das categorias mencionadas na primeira frase.

3. As Seções 4 a 7 da Lei de Rescisão da Vida e Suicídio Assistido aplicam-se *mutatis mutandis*.

O artigo 7.º, parágrafo 1.º, trata da criação de comitês regionais de revisão que avaliam relatos de suicídio assistido com base na lei. O 2.º parágrafo prevê a composição dos comitês. Em termos concretos, trata-se de uma substituição, na comissão, do médico pelo conselheiro de fim de vida.

O 3.º parágrafo declara que uma série de artigos da Lei da Eutanásia que se relacionam com as comissões de revisão se aplicam *mutatis mutandis* ao desempenho das funções das comissões nos termos do projeto de lei.

Artigo 8.º) Deveres e poderes

1. Com base no relatório referido no artigo 7.º-A da Lei dos Serviços Funerários, a comissão avalia se o conselheiro em fim de vida que prestou o suicídio assistido agiu de acordo com os critérios de atenção devidos referidos no artigo 2.º.

2. O comitê pode solicitar que o conselheiro em fim de vida complemente seu relatório por escrito ou oralmente, se isso for necessário para uma avaliação adequada das ações do conselheiro em fim de vida.

3. O comitê pode obter informações do médico legista municipal ou do outro conselheiro em fim de vida consultado, se isso for necessário para uma avaliação adequada das ações do conselheiro em fim de vida.

O artigo 8.º trata de uma revisão *a posteriori* realizada pela comissão, uma vez que a revisão ocorre com base no relatório do artigo 7.º-A da Lei dos Serviços Funerários. Os membros e o secretário da comissão não estão, portanto, autorizados a tomar posição antecipada sobre o cumprimento dos requisitos do devido cuidado.

Com base no artigo 2.º, *f*, o segundo conselheiro independente de fim de vida desempenha um papel *antecipado*, pois ele é a pessoa adequada para aconselhar o conselheiro de fim de vida.

Artigo 9.º) Publicação da decisão do comitê

1. As decisões da comissão são aprovadas por maioria simples de votos, por três membros da comissão, cada um representando uma das categorias de competências referidas no n. 2 do artigo 7.º.

2. O comitê notificará o conselheiro do fim da vida por escrito sobre o seu parecer fundamentado no prazo de seis semanas após o recebimento do relatório referido no Artigo 7º-A da Lei do Enterro.

3. O comitê também informa ao Conselho de Procuradores Gerais e à Inspetoria de Saúde e Assistência Juvenil se:

  a. na opinião da comissão, o conselheiro em fim de vida não agiu de acordo com os critérios de zelo previstos no artigo 2.º; ou

  b. surge a situação prevista no artigo 12, última frase, da Lei dos Serviços Funerários.

4. O prazo a que se refere o segundo parágrafo pode ser prorrogado uma vez por até seis semanas.

5. O comitê que aplica o terceiro ou quarto parágrafo notifica o conselheiro de fim de vida de acordo.

6. O comitê pode explicar melhor seu julgamento oralmente ao conselheiro em fim de vida. Esta explicação oral pode ocorrer a pedido da comissão ou a pedido do conselheiro em fim de vida.

Artigo 10) Fornecimento de informações ao Ministério Público

1. Mediante solicitação, o comitê fornecerá ao promotor público todas as informações de que ele precisa para:

  a. a apreciação da atuação do conselheiro em fim de vida no caso a que se refere o artigo 9.º, terceiro parágrafo; ou

b. uma investigação criminal.

2. O comitê informará o conselheiro em fim de vida sobre o fornecimento de informações ao promotor público.

Artigo 11) Método de trabalho do comitê

Os artigos 11 e 13 aplicam-se *mutatis mutandis* ao exercício de funções e poderes pela comissão, sendo que, para os efeitos do artigo 13, ao invés de 'médico', lê-se 'conselheiro em fim de vida', conforme referido no Ato de Aconselhamento em Fim de Vida de Idosos a pedido.

Este artigo estabelece que alguns artigos da Lei da Eutanásia relacionados às comissões de revisão com base nessa lei são aplicáveis *mutatis mutandis* ao desempenho das funções das comissões nos termos deste projeto de lei.

Artigo 12) Financiamento

1. Pode ser determinado por regulamento ministerial que pode ser concedido um subsídio de projeto para o desenvolvimento de cursos de formação a que se refere o artigo 33.º-I, primeiro parágrafo, da Lei das Profissões de Saúde Individuais, podendo ser estabelecidos critérios para tal.

2. É determinado por regulamento ministerial quais as atividades de implementação de aconselhamento em fim de vida de idosos com base nesta Lei, é concedido um subsídio e podem ser definidos outros critérios para essa disposição.

3. Com exceção dos artigos 2.º e 3.º, primeiro parágrafo, a VWS Subsidies Framework Act aplica-se *mutatis mutandis* aos subsídios referidos no primeiro e no segundo parágrafos.

Este artigo permite o financiamento de aconselhamento de fim de vida para idosos mediante solicitação e o início de treinamento em aconselhamento de fim de vida.

O subsídio referido no primeiro parágrafo é destinado ao início da formação de conselheiros em fim de vida. Já subsídio referido no segundo parágrafo, destinado a financiar o procedimento do aconselhamento em fim de vida.

Bonaire, sint eustatius e Saba

Artigo 13) Aplicabilidade nos organismos do setor público

Esta Lei também se aplica às entidades públicas Bonaire, Sint Eustatius e Saba, desde que:

a. para a aplicação de:

1.º) Artigo 1.º, em vez de " comité regional a que se refere o artigo 7.º'", passa a ser " comité a que se refere o artigo 13.º, parte b";

2.º) Artigo 2.º, frase introdutória, em vez de " Artigo 294, parágrafo terceiro, do Código Penal", passa a ser "Artigo 307, parágrafo terceiro, do Código Penal BES";

3.º) Artigo 8.º, subsecção 1, em vez de "Artigo 7º-A da Lei dos Serviços Funerários", deve ler-se "Artigo 1º, subsecção 4, da Lei das Declarações de Morte do BES";

4.º) Artigo 9.º, n. 3, em vez de "Conselho de Procuradores-Gerais", passa-se a "o Procurador-Geral";

    b. em derrogação do Artigo 7.º, parágrafo 1, existe uma comissão a ser nomeada pelo Nosso Ministro e pelo Ministro da Justiça e Segurança, que está autorizada a reportar casos de aconselhamento em fim de vida de idosos mediante pedido conforme referido no Artigo 307, parágrafo para testar o Código Penal do BES;

    c. nas consultas a serem realizadas de acordo com o Artigo 13 da Lei da Rescisão da Vida a Pedido e Revisão do Suicídio Assistido, o presidente do comité referido na parte b estará envolvido. Participam também o procurador-geral ou representante por ele nomeado e um representante da Inspecção-Geral de Saúde e de Juventude.

De acordo com o artigo 2.º da Lei de Implementação dos Órgãos Públicos de Bonaire, Santo Eustatius e Saba, um regulamento só se aplica a eles se isso tiver sido determinado por regulamento legal. Este artigo contém as disposições que declaram a presente lei também aplicável às ilhas do BES[34].

Alteração de outras leis

Artigo 14) Alterações ao Código Penal

Um parágrafo é adicionado ao Artigo 294 do Código Penal, lendo:

3. O crime a que se refere o segundo parágrafo não é punível se consistir no fornecimento de meios para o suicídio e for cometido por um conselheiro em fim de vida, conforme referido na Lei de Aconselhamento em Fim de Vida de Idosos a pedido, que cumpra os devidos cuidados a que se refere o artigo 2.º daquela Lei., e notifica o médico legista municipal disso nos termos do artigo 7.º-A, parte b, da Lei dos Serviços Funerários.

---

34. Ilhas Bonaire, Santo Eustatius e Saba pertencentes aos Países Baixos Caribenhos.

Este artigo prevê o acréscimo de um terceiro parágrafo ao artigo 294 do Código Penal, que regulamentaria um motivo de exclusão de ilicitude no ato referido no 2.º parágrafo: se os meios de suicídio forem fornecidos por um conselheiro de fim de vida, cumpridos os requisitos de cuidados, o ato não é punível. O novo fundamento de exclusão de ilicitude incluído no artigo 294, 3.º parágrafo, é um complemento ao fundamento legal existente de exclusão de pena por suicídio assistido por médicos.

Artigo 15) Alterações à Lei das Profissões Individuais de Saúde

A Lei de Profissões de Saúde Individuais é alterada da seguinte forma:

a. Ao Artigo 3 (1), substituindo o ponto final no final por uma vírgula, uma seção será adicionada, onde se lê " conselheiro em fim de vida".

b. Um parágrafo é adicionado ao Capítulo III, Seção 1, lendo: § 12. *Conselheiros em fim de vida*

Artigo 33g)

Para ser registrado como um conselheiro de fim de vida é necessário o seguinte:

a. certificado de conclusão com aproveitamento em curso de formação oferecido por instituição de formação designada durante todo o período em que o interessado frequentou a formação, nos termos do primeiro parágrafo do artigo 33.º-J;

b. o profissional que solicita o registro como conselheiro em fim de vida não poderá ter sido alvo de nenhuma das medidas referidas nos art. 48, 1.º par., c a f, ou 3.º par., ou art. 80, 1.º par., por decisão que se tornou irrevogável.

Artigo 33h)

O campo de especialização do conselheiro em fim de vida inclui o fornecimento de aconselhamento de acordo com a Lei de Aconselhamento em Fim de Vida para idosos, mediante solicitação.

Artigo 33i)

1. O treinamento do conselheiro em fim de vida está relacionado ao cumprimento dos requisitos de atendimento e outros deveres e obrigações legais. Outros requisitos são definidos por ordem do conselho para o treinamento de conselheiros em fim de vida e para a instituição que oferece esse treinamento.

2. Só são admitidas à formação as pessoas que cumpram os requisitos estabelecidos nos artigos 18, 24, 26, primeiro parágrafo, e 32.

3. A nomeação de uma ordem no conselho a ser adotada, de acordo com a subseção 1, deverá ser feita no máximo quatro semanas após o projeto ter sido submetido a ambas as casas dos Estados Gerais.

Artigo 33j)

1. Nosso Ministro designará instituições de treinamento que atendam aos requisitos estabelecidos de acordo com a Seção 33i, subseções 1 e 2.

2. A designação a que se refere o primeiro parágrafo será retirada ou suspensa se a instituição de formação deixar de cumprir os requisitos estabelecidos pelo artigo 33.º-I, primeiro ou segundo parágrafos.

3. A designação ou retirada, conforme referido no primeiro ou segundo parágrafo, será anunciada no Diário do Governo.

   c. Ao Artigo 36, 14.º par., substituindo a vírgula no final por um ponto e vírgula e substituindo o ponto final no final da parte f por uma vírgula, uma parte é adicionada, lendo:

      g. A prescrição de medicamentos para suicídio, constante do art. 1.º da Lei de Término da Vida do Idoso a Pedido, e de outros medicamentos, prescritos conforme disposições do Cap. III, é considerada uma das áreas de especialização dos conselheiros em fim de vida.

   d. No artigo 47, 2.º par., " conselheiro em fim de vida" é acrescentado antes do ponto final.

   e. Um artigo é inserido após o Artigo 69, lendo:

Artigo 69a

Se o comitê disciplinar regional impor uma medida, conforme referido no art. 48, 1.º, 2.º, 3.º ou 4.º par., a uma pessoa em capacidade diferente da de conselheiro em fim de vida, e essa pessoa também estiver registrada em registro como conselheiro em fim de vida, o comité disciplinar regional considerará na sua decisão final, a que se refere o art. 69.º, 1.º par., impor também a medida prevista no art. 48.º, 1.º, 2.º e 4.º par., sobre essa pessoa na qualidade de conselheiro em fim de vida. Seção 48, subseção 7, aplica-se *mutatis mutandis*.

   f. Um artigo é inserido após o Artigo 80, lendo:

Artigo 80a

1. Se o comitê disciplinar regional tomar uma disposição de acordo com o art. 80, 1.º par., em relação a uma pessoa em capacidade diferente da

de conselheiro em fim de vida, e essa pessoa também estiver registrada como conselheiro em fim de vida vitalício, o comitê também considerará a imposição de uma medida ou medidas conforme referido no art. 80, 1.º par., sobre essa pessoa na qualidade de conselheiro final de vida.

2. A imposição da medida à pessoa a que se refere o 1.º par., na qualidade de conselheiro em fim da vida, torna-se efetiva ou executada a partir do momento em que a decisão imposta se torne definitiva.

O artigo 15 contém alterações à Lei BIG, que enquadram o conselheiro de fim de vida como um profissional na acepção da lei, submetendo o cargo à criação de um cadastro público, submissão do conselheiro ao direito disciplinar, direito ao sigilo profissional, requisitos para inscrição como conselheiro em fim de vida no cadastro do BIG, exigência de formação como médico, psicólogo da área de saúde, psicoterapeuta ou enfermeiro, antes de se tornar conselheiro em fim de vida.

As medidas por inaptidão previstas no artigo 33g, *b*, são aquelas em que o profissional deixa de ser considerado idôneo para o exercício da profissão devido ao seu estado mental, físico ou relativo a consumo abusivo de álcool ou drogas (art. 79.º, § 2.º, da Lei BIG). A razão para incluir a parte b é que o conselheiro em fim de vida deve ser profissional de comportamento ilibado, sem nada que desabone sua conduta no passado.

O artigo 33h descreve o campo de especialização do conselheiro em fim de vida, que inclui o fornecimento de aconselhamento em fim de vida de acordo com a Lei de Aconselhamento em Fim de Vida para idosos, mediante solicitação.

O artigo 33i estabelece requisitos para o treinamento de conselheiros em fim de vida. Em seu § 1.º contém critério geral a ser atendido no treinamento, que deve abranger os aspectos que garantam o desempenho dos deveres e obrigações decorrentes da lei. O conteúdo da formação será posteriormente elaborado por grupos profissionais, bem como por entidades que tenham adquirido competências em *completed life*. A subseção 1 do artigo 33i permite delegação que preveja outros requisitos definidos para a formação de conselheiros e instituições que oferecem a formação. É obrigatória a formação prévia como médico, psicólogo de saúde, psicoterapeuta ou enfermeiro.

O artigo 33j trata da designação de instituições que oferecem treinamento em aconselhamento de fim de vida, que deverá ser feita pelo Ministro da Saúde, Bem-Estar e Desportos, respeitados os requisitos fixados por despacho em conselho. O § 2.º do artigo 33-J prevê a retirada ou suspensão de determinada designação, caso a instituição deixe de cumprir os requisitos de formação.

Quanto ao acréscimo da nova seção g, esta regulamenta que os conselheiros em fim de vida estão autorizados a prescrever medicamentos para suicídio e outros medicamentos, desde que sua prescrição esteja incluída em seu campo de especialização. Esta seção foi acrescida porque o capítulo IV da Lei BIG estabelece procedimentos reservados apenas a determinados grupos profissionais, como por exemplo, o ato de prescrever medicamentos é apenas permitido ao médico. Assim, a seção altera o capítulo IV da lei BIG para permitir também ao conselheiro de fim de vida a prescrição de medicamentos.

A alteração do artigo 47, § 2.º, garante que os conselheiros em fim de vida sejam acrescentados às categorias de profissionais sujeitos a processo disciplinar. O artigo 47, § 1.º, da Lei BIG, por referência às categorias de profissionais a que se refere o segundo parágrafo daquele artigo, regula quais os profissionais que estão sujeitos a processo disciplinar.

O novo artigo 69A trata da situação de pessoas com mais de um registro do BIG, tanto na qualidade de conselheiro em fim de vida como na qualidade de outro profissional. Como o conselheiro em fim de vida deve ter uma conduta impecável, propõe-se que as medidas disciplinares a ele impostas em sua outra atividade profissional também possam ter consequências na atuação como conselheiro em fim de vida.

Artigo 16) Alterações à Lei dos Serviços Funerários

A Lei de Serviços Funerários é alterada da seguinte forma:

Um artigo é inserido após o Artigo 7.º, lendo:

Artigo 7º-A

Se a morte resultou da prestação de suicídio assistido prevista no artigo 294, parágrafo terceiro, do Código Penal:

a. pessoa que realizou a inspeção não emite certidão de óbito;

b. o conselheiro em fim de vida notificará imediatamente o legista municipal ou um dos legistas municipais sobre a causa dessa morte, preenchendo formulário e fornecendo-lhe um relatório fundamentado sobre o cumprimento dos critérios de cuidado do artigo 2.º do Lei de Aconselhamento no Fim da Vida para idosos, mediante solicitação.

No segundo parágrafo do artigo 9.º, a expressão "segundo parágrafo do artigo 7.º" é substituída por "no artigo 7.º, segundo parágrafo, e 7.º-A, alínea b,".

O artigo 10, segundo parágrafo, terá a seguinte redação:

2. Sem prejuízo do disposto na subsecção 1, o procurador municipal, no caso da notificação referente às secções 7, subsecção 2 ou 7º-A, alínea b, apresentará imediatamente um relatório preenchendo formulário à comissão de revisão regional referida na seção 3 da Lei de Rescisão de Vida a Pedido e Suicídio Assistido (Ava-

liação) ou do comitê de avaliação regional, conforme referido na Seção 7, subseção 1, da Lei de Avaliação de Aconselhamento para Idosos em Pedido de Fim de Vida.

No Artigo 12, " Artigo 7.°, segundo parágrafo" é substituído por "Artigo 7.°, segundo parágrafo, ou 7°-A" e depois " Artigo 3.° da Lei de Rescisão de Vida a Pedido e Revisão do Suicídio Assistido" é inserido " ou o comitê de revisão regional a que se refere o artigo 12. Artigo 8.°, inciso 1, do Aconselhamento em Fim de Vida ao Idoso, a pedido".

No artigo 81, parte 1, após Artigo 7.°, primeiro e segundo parágrafos, "7°-A" é inserido.

O artigo 16 contém uma emenda à lei de serviços funerários. Esta alteração é proposta por analogia com a Lei da Eutanásia e trata do dever do conselheiro em fim de vida de notificar o médico legista municipal sobre o suicídio assistido, com relatório fundamentado que comprova o cumprimento dos requisitos de cuidados.

Artigo 17) Emendas à Lei de Medicamentos

Um artigo é inserido após o Artigo 101 da Lei de Medicamentos, lendo:

Artigo 102.

1. Os funcionários da Inspetoria de Saúde e Assistência Juvenil e da Autoridade Holandesa de Segurança de Alimentos e Produtos de Consumo são responsáveis por supervisionar o cumprimento do Artigo 4.°, segundo parágrafo, da Lei de Orientação para Idosos no Fim da Vida, mediante solicitação.

2. A seção 101 aplica-se *mutatis mutandis* às violações do regulamento referido na subseção 1.

O artigo 17 contém uma alteração à lei sobre medicamentos, que introduz um novo artigo (artigo 102) nessa lei. O novo artigo traz uma base para a Inspeção dos Cuidados de Saúde e Cuidados Juvenis (IGJ) e a Autoridade para a Segurança dos Produtos Alimentares e de Consumo (NVWA) dos Países Baixos supervisionar o cumprimento do § 2.° do artigo 4.° desta proposta.

Esse artigo prevê que os farmacêuticos só podem fornecer ao conselheiro em fim de vida os medicamentos prescritos conforme § 1.° desse artigo. O fornecimento de medicamentos e sua supervisão pela IGJ e pela NVWA fazem parte da lei de medicamentos.

Neste projeto de lei foi decidido não incluir a fiscalização da prestação de suicídios ao conselheiro em fim de vida no presente ato, mas sim vinculá-la ao regime já existente, o que é alcançado com o novo artigo 102 da lei de medicamentos.

Artigo 18) Emendas à Lei do Ópio

A Lei do Ópio é alterada da seguinte forma:

No segundo parágrafo do artigo 4.º, alínea b), " no artigo 5.º, segundo e terceiro parágrafos, e" é substituído por " no artigo 5.º, segundo parágrafo, primeira frase e terceiro parágrafos,".

No Artigo 5.º, após a indicação " 2". Inserido antes do segundo parágrafo

"As proibições relativas ao fornecimento, transporte ou presença não são, além disso, aplicáveis aos conselheiros em fim de vida que tenham recebido por um farmacêutico os medicamentos referidos na lista I ou II com vista à execução de um pedido de assistência em caso de suicídio, conforme referido no Artigo 1º da Lei de Aconselhamento em Fim de Vida para pessoas idosas a pedido e para pessoas a quem esses recursos foram fornecidos pelo conselheiro em fim de vida com uma visão para cumprir seu pedido de suicídio assistido."

O artigo 18 contém uma emenda à lei do ópio, necessária porque os meios de suicídio utilizados no pedido se enquadram nas substâncias referidas nas listas I ou II da lei do ópio; o seu artigo 5.º estipula os casos em que não se aplica a proibição de preparar, processar, vender, entregar, fornecer, transportar ou possuir uma substância referida nas listas.

Uma frase é acrescentada ao § 2.º do artigo 5.º garantindo que as proibições em relação à provisão e o transporte não se aplicam ao conselheiro em fim de vida a quem o farmacêutico tenha fornecido os meios referidos na lista I ou II. Obviamente, trata-se da disponibilização desses recursos para a execução de um pedido de suicídio assistido. Além disso, estipula-se que as referidas proibições também não se aplicam às pessoas a quem esses recursos tenham sido disponibilizados pelo conselheiro em fim de vida para a realização do seu pedido de suicídio assistido.

Artigo 19) Alterações à Lei de Direito Administrativo Geral

Seção 1: 6, seção e, da Lei de Direito Administrativo Geral será o seguinte:

e. decisões e ações para implementar a Lei de Término de Vida a Pedido e Suicídio Assistido (Avaliação) e a Lei de Aconselhamento de Fim de Vida de Idosos a Pedido.

A alteração da lei do direito administrativo geral holandesa significa que as decisões e ações que implementam esta Lei estão excluídas das disposições daquela lei.

Artigo 20) Alterações ao Código Penal do BES

É acrescentado um parágrafo ao artigo 307 do Código Penal do BES, com a seguinte redação:

3. O crime a que se refere o segundo parágrafo não é punível se consistir no fornecimento de meios para o suicídio e for cometido por um conselheiro em fim de vida, conforme previsto na Lei de Aconselhamento em Fim de Vida de Idosos, a pedido, que cumpra os devidos critérios de atendimento do artigo 2.º daquela lei, e notifique o médico legista municipal nos termos do artigo 7.º-A, alínea b, da Lei de Enterro.

Artigo 21) Alterações à Lei das Declarações de Óbito do BES

É acrescentado um parágrafo ao Artigo 1º do Ato de Declarações de Morte do BES, com a seguinte redação:

4. O terceiro parágrafo aplica-se, com as necessárias adaptações, se a morte resultar da prestação de suicídio assistido a que se refere o artigo 307, n. 3, do Código Penal BES, entendendo-se que na última frase, em vez de "critérios de devida assistência, conforme referido no Artigo 2.º da Lei de Término da Vida e Suicídio Assistido (Avaliação)" diz: requisitos de cuidados devidos, conforme referido no Artigo 2.º da Lei de Orientação para Pessoas Idosas no Fim da Vida (Avaliação) mediante solicitação.

Estes artigos alteram algumas das leis das ilhas do BES, de modo que o suicídio assistido de idosos também pode ser implementado nas ilhas. Do ponto de vista da igualdade de tratamento de todos os cidadãos, é desejável que a presente proposta se aplique tanto na parte europeia do Reino como nas ilhas do BES.

Disposições transitórias e finais

Artigo 22) Disposição de revisão

Dentro de cinco anos após a entrada em vigor desta Lei e, posteriormente, a cada cinco anos, Nosso Ministro enviará aos Estados Gerais um relatório sobre a eficácia e os efeitos desta Lei na prática.

Artigo 23) Título oficial

Esta lei é citada como: Lei sobre a avaliação do aconselhamento de fim de vida para idosos mediante solicitação.

Artigo 24) Entrada em vigor

Esta Lei entra em vigor em época a ser determinada pelo Real Decreto, que pode ser determinada de forma diferente para os vários artigos ou partes deles.

Esses artigos contêm as disposições finais do projeto de lei e dizem respeito à avaliação da lei, ao título oficial e à sua entrada em vigor.

CONCLUSÃO

Essa pesquisa pretendeu analisar a opção pelo suicídio assistido por *completed life*, como expressão da dignidade humana presente no direito ao livre desenvolvimento da personalidade e ao direito fundamental à morte digna. Para isso, o estudo foi dividido em três capítulos que desenvolvem temáticas associadas e buscam subsídios jurídicos e interpretativos que respaldem uma resposta à questão-problema.

O primeiro capítulo teve por objetivo identificar o conteúdo autônomo da dignidade da pessoa humana nas decisões existenciais de fim de vida. Para isso, abordou o referido princípio, abordando seu histórico e conceituação no mundo contemporâneo. Foram destacadas algumas dimensões a partir das quais é possível a sua análise.

As dimensões que ganharam destaque diante do conteúdo desta pesquisa foram as dimensões heterônoma e autônoma, porque é a partir destas diferentes perspectivas que se pode investigar as decisões de fim de vida, mormente o suicídio assistido por *completed life*.

Ao prosseguir no mesmo capítulo, a pesquisa aborda os institutos ligados às decisões de fim de vida, iniciando pela eutanásia, conceituando-a como a ação do médico que fornece uma morte tranquila ao doente que assim o pede. Já a distanásia vem definida como o prolongamento artificial da vida pelo uso da tecnologia, sem benefícios ao indivíduo. E a mistanásia, considerada a morte miserável daqueles que morrem na busca desesperada por um atendimento no sistema de saúde.

A ortotanásia é definida como a morte em seu tempo adequado e considerada indissociável dos cuidados paliativos, já que a partir deles, será possível o manejo do processo natural de morte com uso de recursos apropriados para aplacar o sofrimento físico e psíquico do enfermo; e, por fim, o suicídio assistido, que designa a retirada da própria vida com auxílio ou assistência de terceiros.

Tratados tais temas, a pesquisa avança para seu segundo capítulo, no qual buscou analisar institutos jurídicos que influenciam, de forma direta, o tema da pesquisa: direitos da personalidade, autonomia privada para atos existenciais, paternalismo jurídico e suicídio assistido por *completed life* como expressão da autonomia da pessoa idosa.

Ao se abordar a escolha pelo suicídio assistido por *completed life*, a incursão na autonomia privada é obrigatória, assim como o é também nos direitos da personalidade, que tanto sob o enfoque constitucional quanto sob o enfoque privado, destinam-se a resguardar a dignidade da pessoa humana para preservá-la de ataques por parte do Estado ou de particulares. Direito da personalidade é, pois, o desdobramento do entendimento do homem como sujeito de valor por sua dignidade humana.

As ações paternais tratadas na Doutrina, tidas por justificadas ou injustificadas, assim o são na medida em que o indivíduo atingido pela medida paternalista apresente grau de autonomia reduzido. A limitação da liberdade, pela via da ação paternalista, só poderá ocorrer diante de um contexto fático que a sustente, sendo indevida se dirigida àquele com capacidade autônoma para reger sua vida.

Para encerrar este capítulo, passa-se à abordagem da autonomia no contexto do envelhecimento do indivíduo, iniciando pelas leis brasileiras de atenção ao idoso, a partir do artigo 230 da Constituição Federal, a Lei n. 8.842/1994, que dispõe sobre a Política Nacional do Idoso, e o Estatuto do Idoso, que juntos, consolidam as diretrizes normativas de tratamento da pessoa idosa em nosso país. Nessa subseção, analisa-se o cenário mundial de transição do processo demográfico, ressaltando a necessidade do Estado fortalecer as estruturas de apoio ao idoso, implementando políticas públicas asseguradoras do direito ao envelhecimento saudável, com respeito à liberdade e à dignidade humana.

Desse modo, todo o tratamento jurídico dispensado ao idoso reflete a intenção do legislador de a eles assegurar liberdade e autonomia nas decisões acerca de sua própria vida, vedando qualquer ingerência externa indevida em seu projeto de pessoalidade. Esse respeito compõe o conteúdo do direito ao envelhecimento saudável, e nessa esteira, podemos concluir que também o acesso ao suicídio assistido integra este direito.

Segue-se, ainda nessa subseção, para o estudo dos casos do Direito Comparado: idosos que desenvolveram o desejo ativo e persistente de morte, renunciando ao processo de envelhecimento avançado e suas mazelas. A despeito de autônomos, se viram impedidos de exercer sua autonomia para morrer. O estudo descreve a situação de David Goodall e Hèlene Wuillemin, demonstrando que medidas paternalistas injustificadas findam por esvaziar direitos fundamentais, causando mal sob o falso argumento de proporcionar um pretenso bem.

Ao avançar para o terceiro capítulo, a pesquisa analisa o Projeto de Lei Holandês n. 35534, conhecido como *Completed Life Bill*, que pretende regulamentar o acesso ao suicídio assistido por *completed life*, abrindo mais uma exceção à criminalização do suicídio assistido (já há uma exceção prevista da lei da eutanásia), observados os requisitos nele previstos, através da avaliação do aconselhamento de fim de vida para idosos mediante solicitação.

Antes de adentrar no projeto de lei propriamente dito, a pesquisa examina a evolução histórica sobre o tema na Holanda, os casos emblemáticos que levaram a sociedade holandesa a refletir e demandar novas posturas do Estado. O posicionamento dos tribunais holandeses também é analisado neste capítulo.

O estudo traz, ainda, várias pesquisas de opinião realizadas na Holanda nos últimos anos, nas quais, em sua maioria, confirmam que parte considerável dos holandeses deseja mais autonomia na escolha de sua morte e são favoráveis ao acesso ao suicídio assistido em caso de *completed life*, independente de uma conjuntura médica classificável. É crescente no país o reconhecimento do direito de morrer para os idosos que se dizem 'fartos de viver'.

Os aspectos constitucionais sensíveis ao tema são abordados, analisando eventual colisão entre o princípio da proteção à vida e o direito a autodeterminação, este inserido dentro dos direitos da personalidade, e por isso mesmo, insuscetíveis de ingerência estatal. Ao Direito cabe exigir de alguém um comportamento que fira sua própria natureza humana? Muito ao contrário: a ele cabe apresentar opções legítimas para o desenvolvimento pleno da personalidade, que se dará segundo as concepções de cada um, inseridos aí decisões relativas à morte e o morrer.

Por fim, a pesquisa adentra no projeto de lei analisando artigo por artigo e tecendo breves considerações a cada um deles. A regulamentação proposta prevê um procedimento em muito semelhante ao previsto na lei da eutanásia, implementando salvaguardas administrativas e processuais que neutralizam decisões apressadas de pedido de suicídio assistido e altera toda a legislação holandesa já existente para atender aos critérios de cuidado, confiabilidade e verificabilidade previstos no projeto de lei.

O projeto analisado nesta pesquisa coloca a Holanda como um dos países na vanguarda do direito à autodeterminação das pessoas, demonstrando que é possível se afastar cada vez mais de padrões objetivos que limitam o exercício dos direitos da personalidade. Apenas o indivíduo pode dizer de si. O que para alguns remedia, para outros envenena.

Assim como a íris dos olhos, ou a impressão digital, constituídas de forma única e irrepetível a partir de processos biológicos, assim é a dignidade e as escolhas à ela atreladas, concebida também de forma única e irrepetível, a partir da complexa experiência biológica e social de existir. Como pode o direito pretender dizer de minha dignidade, se dignidade é algo que em mim habita? Ao Direito cabe apenas protegê-la como a menina de seus olhos.

REFERÊNCIAS

AGÊNCIA FRANCE-PRESSE. Portugal prepara para legalizar morte medicamente assistida, a eutanásia. *Correio Braziliense* [site], 20 fev. 2020. Disponível em: https://www.correiobraziliense.com.br/app/noticia/mundo/2020/02/20/interna_mundo,829300/portugal-prepara-para-legalizar-morte-medicamente-assistida-eutanasia.shtml. Acesso em: 10 mar. 2020.

AGOSTINHO, S. *Confissões*. São Paulo: Vozes do Bolso, 2011.

ALEMANHA. Código Penal Alemão. § 217. *Bundesverfassungsgericht.de* [site], 2020b. Disponível em: https://www.bundesverfassungsgericht.de/SharedDocs/Entscheidungen/DE/2020/02/rk20200227_2bvr250616.html. Acesso em: 25 jun. 2020.

ALEMANHA. Dignitas. To live with dignity. *Dignitas.ch* [site], 2020c. Disponível em: https:www.em.com.br/app/noticia/internacional/2019/06/19/interna_internacional,1063077/estado-australiano-de-victoria-autoriza-a-eutanasia.shtml. Acesso em: 07 out. 2019.

ALEMANHA.Institute for demoscopy allensbach. Veröffentlichte Studien. 2009.Disponível em: https://www.ifd-allensbach.de/studien-und-berichte/veroeffentlichte-studien.html?tx_studies_studieslist%5Baction%5D=search&tx_studies_studieslist%5Bcontroller%5D=Research&cHash=94ec651a685695dad801404a73658c9e.https://www.ifd-allensbach.de/service/english/about-the-institute.html Acesso em: 22 jul. 2020.

ALEMANHA. Tribunal Constitucional Alemão. Bundesverfassungsgericht. Strafgesetzbuch. *Bundesverfassungsgericht.de* [site], 2020a. Disponível em: https://www.bundesverfassungsgericht.de/SharedDocs/Entscheidungen/DE/2020/02/rk20200227_2bvr250616.html. Acesso em: 25 jun. 2020.

ALEMANY, Macario. *El paternalismo juridico*. Madri: Iustel, 2006.

ALEXY, Robert. *Teoria dos direitos fundamentais*. São Paulo: Malheiros, 2008.

AMARAL NETO, Francisco dos Santos. Autonomia privada como poder jurídico. *Estudos em Homenagem ao Professor Caio Mário da Silva Pereira*. Rio de Janeiro: Forense, 1984.

ARAUJO, Cynthia Pereira de. *Existe Direito à Esperança?* Rio de Janeiro: Lumen Juris, 2020.

ARENDT, Hannah. *A condição humana*. 10. ed. Rio de Janeiro: Forense Universitária, 2009.

ASCENSÃO, José Oliveira. *Teoria geral do direito*. Lisboa: F.D.L., 1996.

ATIENZA, Manuel. Discutamos sobre paternalismo. *Doxa*: Cuadernos de filosofia del derecho, Alicante, 1998.

AUSTRALIA. State Government of Victoria. Victorian Legislation. *Legislation.vic.gov* [site], 2020. Disponível em: http://www.legislation.vic.gov.au/Web. Acesso em: 03 jun. 2020.

AZEVEDO, Antônio Junqueira de. Caracterização jurídica da dignidade da pessoa humana. *Revista da Faculdade de Direito da Universidade de São Paulo*, São Paulo, v. 97, p. 107-125, 2002.

BARACHO, José Alfredo de Oliveira. Teoria Geral do Constitucionalismo. *Revista de Informação Legislativa*, 1986.

BARBOZA, Heloisa Helena. O princípio do melhor interesse da pessoa idosa: efetividade e desafios. In: BARLETTA, Fabiana Rodrigues; ALMEIDA, Vitor (Ed.). *A tutela jurídica da pessoa idosa*. Indaiatuba: Foco, 2020.

BARCELLOS, Ana Paula de. *A eficácia jurídica dos princípios constitucionais*: o princípio da dignidade da pessoa humana. Rio de Janeiro: Renovar, 2011.

BARLETTA, Fabiana Rodrigues. A pessoa idosa e seu direito à saúde: apontamentos a partir do princípio do melhor interesse do idoso. *Revista de Direito Sanitário*, São Paulo, p. 119-136, 2014.

BARRETO NETO, Heraclito Mota. Paternalismo jurídico-penal, autonomia e vulnerabilidade: critérios de legitimação de intervenções paternalistas sobre a autonomia individual em matéria penal. *Revista de Criminologias e Políticas Criminais*, Belo Horizonte, p. 112-143, 2015.

BARROSO, Luís Roberto. *A dignidade da pessoa humana no direito constitucional contemporâneo*: a construção de um conceito jurídico à luz da jurisprudência mundial. Belo Horizonte: Fórum, 2016.

BARROSO, Luís Roberto. *Curso de direito constitucional contemporâneo*. 2. ed. São Paulo: Saraiva, 2010.

BARROSO, Luís Roberto. Fundamentos teóricos e filosóficos do novo direito constitucional brasileiro. *Revista Diálogo Jurídico*, Salvador, 2001.

BARROSO, Luís Roberto. Grandes transformações do direito contemporâneo e o pensamento de Robert Alexy. *Conferência em homenagem a Robert Alexy*. 2014. Disponível em: http://s.conjur.com.br/dl/palestra-barroso-alexy.pdf. Acesso em: 28 jun. 2020.

BARROSO, Luís Roberto. Grandes transformações do direito contemporâneo e o pensamento de Robert Alexy. *Fórum Administrativo – FA*, Belo Horizonte, ano 17, n. 200, p. 9-17, out. 2017.

BARROSO, Luís Roberto. Princípios constitucionais brasileiros ou de como o papel aceita tudo. *Revista da Faculdade de Direito da Universidade do Estado do Rio de Janeiro*, Rio de Janeiro, p. 206-242, 1993.

BARROSO, Luís Roberto; MARTEL, Letícia Campos Velho. A morte como ela é: dignidade e autonomia individual no final da vida. *Panópitica*, v. 5, n. 2, p. 69-104, 2010.

BAUDOUIN, Jean-Louis; BLONDEAU, Danielle. *Éthique de la mort et droit à la mort*. Paris: Press Universitaires de France, 1993.

BÉLGICA. Health, food chain safety and environment. Advisory and consultative bodies on health. *Consultativebodies.health.belgium.be* [site], 2020. Disponível em: www.health.fgov.be/euthanasie. Acesso: 02 jun. 2020.

BEEKMAN, Wouter. The Self-Chosen Death of the Elderly. 1. Ed. America Star Books, 2015.

BERLIN, Isaiah. Os dois conceitos de liberdade. In: HARD, H.; HAUSHEER, R. (Ed.). *Estudos sobre humanidade*. São Paulo: Companhia das Letras, 2002.

BETTI, Emilio. *Teoria generale del negozio giuridico*. Torino, [s.d.].

BEYLEVELD, Deryck; BROWNSWORD, Roger. *Human dignity in bioethics and biolaw*. Oxford: Oxford University Press, 2004.

BITTAR, E. C. B. Hermenêutica e Constituição: a dignidade da pessoa humana como legado à pós-modernidade. In: ALMEIDA FILHO, A.; MELGARÉ, P. (Ed.). *Dignidade da pessoa humana*: fundamentos e critérios interpretativos. São Paulo: Malheiros, 2010.

REFERÊNCIAS   87

BIZATO, José Idelfonso. *Eutanásia e responsabilidade médica*. Porto Alegre: Sagra, 1990.

BONAVIDES, Paulo. *Curso de direito constitucional*. São Paulo: Malheiros, 1997.

BORGES, Roxana. Direito de morrer dignamente: eutanásia, ortotanásia, consentimento informado, testamento vital, análise constitucional e penal e direito comparado. In: SANTOS, Maria Celeste Cordeiro Leite dos (Ed.). *Biodireito*: ciência da vida, os novos desafios. São Paulo: Ed. RT, 2001

BORGES, Roxana. *Disponibilidade dos direitos da personalidade e autonomia privada*. São Paulo: Saraiva, 2005.

BOTTINI, Fabien. C'est grave docteur? À propos du caractère « schizophrénique » de la notion de « dignité humaine ». *Revista Pensar*, Fortaleza, p. 98-121, 2013.

BRAGA, Pérola M. Vianna. *Curso de direito do idoso*. São Paulo: Atlas, 2011.

BRASIL. Decreto-Lei n. 2.848, de 07 de dezembro de 1940. **Código Penal**. *Diário Oficial da União*, Rio de Janeiro, 31 dez. 1940.

BRASIL. Habeas Corpus n. 124.306/RJ. Órgão Judicante: Primeira Turma do STF. Relator: Min. Roberto Barroso. Julgamento 09/08/2016. Publicação 17/03/2017. Tipo de Documento: Acórdão. *Diário de Justiça Eletrônico*, Brasília, DF, 2017. Disponível em: http://portal.stf.jus.br/. Acesso em: 10 jun. 2020.

BRASIL. Habeas Corpus n. 124.306/RJ. Órgão Judicante: Primeira Turma do STF. Relator: Min. Roberto Barroso. Julgamento 09/08/2016. Publicação 17/03/2017. Tipo de Documento: Acórdão. *Diário de Justiça Eletrônico*. Brasília, DF, 2017. Disponível em: http://portal.stf.jus.br/. Acesso em: 10 jun. 2020.

BRASIL. Habeas Corpus n. 124.306/RJ. Órgão Judicante: Primeira Turma do STF. Relator: Min. Roberto Barroso. Julgamento 09/08/2016. Publicação 17/03/2017. Tipo de Documento: Acórdão. *Diário de Justiça Eletrônico*. Brasília, DF, 2017. Disponível em: http://portal.stf.jus.br/. Acesso em: 10 jun. 2020.

BRASIL. Habeas Corpus n. 124.306/RJ. Processo n. 001449-75.2013.8.19.0021. Órgão Judicante: Primeira Turma do STF. Relator: Min. Roberto Barroso. Julgamento 09/08/2016. Publicação 17/03/2017. Tipo de Documento: Acórdão. *Diário de Justiça Eletrônico*. Brasília, DF, 2017. Disponível em: http://portal.stf.jus.br/. Acesso em: 10 jun. 2020.

BRASIL. Lei n. 10.741, de 01 de outubro de 2003. Dispõe sobre o Estatuto do Idoso e dá outras providências. Diário Oficial da União Eletrônico, Brasília, DF, 2003. Disponível em: http://www.planalto.gov.br/ccivil_03/leis/2003/l10.741.htm. Acesso em: 20 jun. 2020.

BRASIL. Lei n. 8.842, de 04 de janeiro de 1994. Dispõe sobre a política nacional do idoso, cria o Conselho Nacional do Idoso e dá outras providências. *Diário Oficial da União Eletrônico*, Brasília, DF, 1994. Disponível em: http://www.planalto.gov.br/ccivil_03/leis/L8842.htm. Acesso em: 20 jun. 2020.

BRASIL. Lei n. 9.434, de 04 de fevereiro de 1997. Dispõe sobre a remoção de órgãos, tecidos e partes do corpo humano para fins de transplante e tratamento e dá outras providências. *Diário Oficial da União Eletrônico*, Brasília, DF, 1997. Disponível em: http://www.planalto.gov.br/ccivil_03/LEIS/L9434.htm. Acesso em: 20 jun. 2020.

BRASIL. Projeto de Lei do Senado. n. 236, de 2012. Reforma do Código Penal Brasileiro. *Senado Federal*, 2012. Disponível em: https://www25.senado.leg.br/web/atividade/materias/-/materia/106404. Acesso em: 05 mar. 2020.

BRASIL. Supremo Tribunal Federal. Ação Direta de Inconstitucionalidade n. 4277/DF. Órgão Judicante: Tribunal Pleno do STF. Relator: Min. Ayres Britto. Julgamento 05/05/2011. Publicação 14/10/2011.

Tipo de Documento: Acórdão. *Diário de Justiça Eletrônico*, Brasília, DF, 2011. Disponível em: http://portal.stf.jus.br/. Acesso em: 10 jun. 2020.

BRASIL. Supremo Tribunal Federal. *Arguição de Descumprimento de Preceito Fundamental n. 54*. Descriminaliza a interrupção da gestação de fetos anencefálicos. Relator: Min. Marco Aurélio. Publicação: 30 jul. 2020. Disponível em: www.stf.jus.br. Acesso em: 10 jun. 2020.

BRASIL. Supremo Tribunal Federal. Recurso Extraordinário n. 670422. Órgão Judicante: Supremo Tribunal Federal. Relator: Min. Dias Toffoli. Julgamento:15/08/2018. Publicação: 10/03/2020. Tipo de Documento: Acórdão. *Diário de Justiça Eletrônico*, Brasília, DF, 2020. Disponível em: http://portal.stf.jus.br/. Acesso em: 10 jun. 2020.

BRASIL. Tribunal de Justiça de Minas Gerais. Apelação Cível n. 1.0000.19.050415-9/001. Órgão Judicante: 16ªCâmara Cível do TJ-MG. Relator: Des. Ramon Tácio. Julgamento: 07/11/2019. Publicação:08/11/2019. Tipo de Documento: Acórdão. *Diário de Justiça Eletrônico*, Belo Horizonte, Minas Gerais, 2019. Disponível em: https://www.tjmg.jus.br/portal-tjmg/. Acesso em: 18 jul. 2020.

BRASIL. Tribunal de Justiça do Estado do Rio Grande do Norte. Ação de Procedimento Comum Cível n. 0800620-57.2020.8.20.5300. Órgão Judicante: 3ª Vara da Fazenda Pública da Comarca de Natal. Juiz de Direito: Bruno Montenegro Ribeiro Dantas. Julgamento: 05/08/2020. Publicação: 05/08/2020. Tipo de Documento: Decisão de 1º Grau. *Diário de Justiça Eletrônico*. Natal, Rio Grande do Norte, 2020.

BRASIL. Tribunal de Justiça do Rio Grande do Sul. Apelação Cível n. 70054988266. Órgão Judicante: Primeira Câmara Cível do TJ-RS. Relator: Des. Irineu Mariani. Julgamento: 20/11/2013. Publicação: 27/11/2013. Tipo de Documento: Acórdão. *Diário de Justiça Eletrônico*, Rio Grande do Sul, Porto Alegre, 2013. Disponível em: http://www.tjrs.jus.br. Acesso em: 18 set. 2019.

Buiting, H. M., Deeg, D. J. H., Knol, D. L., Ziegelmann, J. P., Pasman, H. R. W., Widdershoven, G. A. M. et al. (2012). Older peoples' attitudes towards euthanasia and an end-of-life pill in The Netherlands: 2001-2009. *Journal of Medical Ethics*.

CALSAMIGLIA, Albert. Sobre la eutanasia. In: VÁSQUEZ, Rodolfo (Ed.). *Bioética y derecho*: fundamentos y problemas actuales. 2. ed. México: Fondo de Cultura Económica e Instituto Tecnologico Autónomo de Mexico, 2002. p. 151-175.

CAMPS, V, Paternalismo y bien común. *Doxa*: Cuadernos de filosofia del derecho, p. 195-202, 1988.

CANADA. Supreme Court of Canada. Supreme Court Judgements: Carter v. Canada. *Scc-csc.lexum* [site], 2016.. Disponível em: https://scc-csc.lexum.com/scc-csc/scc-csc/en/item/15696/index.do. Acesso em: 02 jun. 2020.

CANOTILHO, José Joaquim Gomes. *Direito constitucional*. 4. ed. Coimbra: Almedina, 1989.

COLOMBIA. Ministerio de Salud y Protección Social. *Resolución n. 1216 de 2015*. Disponível em: http://www.dmd.org.co/pdf/Eutanasia_resolucion-1216-de-2015.pdf. Acesso em 12 out. 2020.

COMPARATO, Fabio. *A afirmação histórica dos direitos humanos*. 12. ed. São Paulo: Saraiva, 2019.

CONSELHO DA JUSTIÇA FEDERAL. Enunciado 139. Os direitos da personalidade podem sofrer limitações, ainda que não especificamente previstas em lei, não podendo ser exercidos com abuso de direito de seu titular, contrariamente à boa-fé objetiva e aos bons costumes. *III Jornada de Direito Civil*, 2002. Disponível em: www.jf.gov.br/portal/publicacao/download.wsp?tmp.arquivo=1296. Acesso em: 20 jul. 2020.

CONSELHO FEDERAL DE MEDICINA. Código de Ética Médica. *Resolução n. 2217/2018.* Disponível em: https://portal.cfm.org.br/images/PDF/cem2019.pdf. Acesso em: 10 mar. 2020.

CONSELHO FEDERAL DE MEDICINA. Justiça valida Resolução 1805, que trata sobre ortotanásia. *CFM* [site], 06 dez. 2010. Disponível em: http://portal.cfm.org.br/index.php?option=com_co ntent&view=article&id=21154:justica-valida. Acesso em: 11 mar. 2020.

CONSELHO FEDERAL DE MEDICINA. *Resolução n. 1.805/2006.* Disponível em: http://portal. cfm.org.br/index.php?option=com_content&view=article&id=21154:justica-valida. Acesso em: 10 mar. 2020.

CONSELHO FEDERAL DE MEDICINA. *Resolução n. 1.995/2012.* Disponível em: https://sistemas. cfm.org.br/normas/visualizar/resolucoes/BR/2012/1995. Acesso em: 08 jul. 2020.

CORTE CONSTITUCIONAL COLOMBIA. Sala Novena de Revisión, Sentencia T-970/14, Rel. Luis Ernesto Vargas Silva, j. em 15.12.2014. Disponível em: http://www.corteconstitucional.gov. co/relatoria/2014/t-970-14.htm. Acesso em: 12 out. 2020.

CORTIANO JÚNIOR, Eroulths. Alguns apontamentos sobre os chamados direitos da personalidade. In: FACHIN, Luiz Edson; SILVEIRA, Carmen Lucia (Ed.). *Repensando fundamentos do direito civil contemporâneo.* Rio de Janeiro: Renovar, 1998.

CUNHA, Alexandre dos Santos. Dignidade da pessoa humana: conceito fundamental do direito civil. In: MARTINS-COSTA, Judith (Ed.). *A reconstrução do direito privado.* São Paulo: Ed. RT, 2002.

DADALTO, Luciana. Morte digna para quem? O direito fundamental de escolher seu próprio fim. *Pensar Revista de Ciências Jurídicas,* Fortaleza, p. 1-11, 2019.

DADALTO, Luciana. *Testamento vital.* 4. ed. São Paulo: Foco, 2018.

DADALTO, Luciana; SAVOI, Cristiana. Distanásia: entre o real e o ideal. In: GODINHO, Adriano; LEITE, George; DADALTO, Luciana (Ed.). *Tratado brasileiro sobre o direito fundamental à morte digna.* São Paulo: Almedina, 2017.

DAVID Goodall: 104-year-old scientist to end own life in Switzerland. 2018. *The Guardian* [site], 2018. Disponível em: https://www.theguardian.com/australia-news/2018/apr/30/david-goodall-australia-oldest-scientist-to-end-own-life-in-switzerland. Acesso em: 15 jan. 2020.

DE CUPIS, Adriano. *Os direitos de personalidade.* Trad. Afonso Celso Furtado Rezende. Campinas: Romana, 2004.

DE VRIES, Ubaldus. *A Duth Perspective*: The Limits of Lawful Euthanasia Annals of Health Law, Chicago, 2004. Disponível em: https://pubmed.ncbi.nlm.nih.gov/15281482/ Acesso em: 18 ago. 2021.

DEATH WITH DIGNITY. Death with Dignity Acts. *Deathwithdignity.org* [site], 2020. Disponível em: https://www.deathwithdignity.org/learn/death-with-dignity-acts. Acesso em: 02 jun. 2020.

DEL BARCO, Jose Luis. Prefácio. In: SPAEMANN, Robert. *Personas:* acerca de la distinción entre "algo" y "alguen". Pamplona: Eunsa, 2010.

DIAS, Roberto. Disponibilidade do direito à vida e eutanásia: uma interpretação conforme a Constituição. In: IKAWA, Daniela; PIOVESAN, Flavia; FACHIN, Melina Girardi (Ed.). *Direitos humanos na ordem contemporânea:* proteção nacional, regional e global. Curitiba: Juruá, 2010.

DIERTELEN, P. Paternalismo y estado de bienestar. *Doxa:* Cuadernos de Filosofia del Derecho, p. 175-194, 1988.

DIJKHUIS, JH. Em busca normas para as ações dos médicos ao pedir ajuda para acabar com a vida em caso de sofrimento vital. n. december, 2004.

DINIZ, Debora; SQUINCA, Flávia. *Solitário anônimo*, 2007.

DONEDA, Danilo. Os direitos da personalidade no Código Civil. In: TEPEDINO, Gustavo (Ed.). *A parte geral do novo Código Civil*: estudos na perspectiva civil-constitucional. Rio de Janeiro: Renovar, 2002.

DOYAL, Len; GOUGH, Ian. *Teoria de las necesidades humanas*. Madrid: Tesys, 1994.

DOWNAR, James et al. Early experience with medical assistance in dying in Ontario, Canada: a cohort atudy. *Canadian Medical Association Journal*, Otawwa. Disponível em: https://pubmed.ncbi.nlm.nih.gov/32051130/ Acesso em: 18 ago. 2021.

DRION, Huib. The self-chosen death of elderly people. *NRC Handelsblad*, 1991.

DWORKIN, Gerald. Paternalism. *The Stanford Encyclopedia of Philosophy*, Califórnia, 6 nov. 2002.

DWORKIN, Ronald. *Domínio da vida*. 2. ed. São Paulo: Martins Fontes, 2009.

ERIKSON, E.; ERIKSON, J. *O ciclo de vida concluído*. Nova York: [s.n.].

ESPÍNOLA, Eduardo. *Sistema do direito civil brasileiro*. Rio de Janeiro: Conquista, 1908.

ESTADO australiano de Victoria autoriza a eutanásia. *Estado de Minas Internacional* [site], 19 jun. 2019. Disponível em: https:www.em.com.br/app/noticia/internacional/2019/06/19/interna_internacional,1063077/estado-australiano-de-victoria-autoriza-a-eutanasia.shtml. Acesso em: 07 out. 2019.

EXIT INTERNATIONAL. Exit International Foundation. *Exitinternational.net* [site], Australia, 2020. Disponível em: https://exitinternational.net/ Acesso em: 07 jul. 2020.

EXPECTATIVA de vida dos brasileiros aumenta para 76,3anos me 2018. *Agência IBGE notícias* [site], Brasil, 28 nov. 2019. Disponível em: https://agenciadenoticias.ibge.gov.br/agencia-noticias/2012-agencia-de-noticias/noticias/26103-expectativa-de-vida-dos-brasileiros-aumenta-para-76-3-anos-em-2018. Acesso em: 02 mar. 2020.

EMANUEL, J. Ezekiel. *Why I hope to die at 75*. An argument that Society and families – and you – will be better off infraconstitucional nature takes its course swiftly and promptly. Disponível em: https://www.theatlantic.com/magazine/archive/2014/10/why-i-hope-to-die-at-75/379329/. Acesso em: 15 ago. 2021.

FABRE, Bibiana. Fundamentos e evolução dos direitos da pessoa idosa no brasil: breve panorama. In: BARTELLA, Fabiana; ALMEIDA, Vitor (Ed.). *A tutela jurídica da pessoa idosa*. Indaiatuba: Foco, 2020.

FARIA, Anacleto. *Instituições de direito*. 2. ed. São Paulo: Ed. RT, 1972.

FAVIER, Yann. A inacalcável definição de vulnerabilidade aplicada ao direito: abordagem francesa. *Revista do Direito do Consumidor*, p. 17, 2013.

FEINBERG, Joel. *Harm to self*. Nova Iorque: Oxford, 1986.

FRISANCHO, José Luis Medina. El suicidio y la autorresponsabilidad. *Eutanásia e imputación objetiva en derecho penal*: una interpretación normativa de los ámbitos de responsabilidad en la decisión de la propia muerte. Lima: Ara, 2010.

GERRITSEN, Vanessa. Animal welfare in Switzerland: constitucional aim, social commitment, and a major challenge. *Global Journal for Animal Law*, 2015. Disponível em: http://www.gjal.abo.fi/gjal-content/2013-01/article3/Gerritsen FINAL.pdf. Acesso em: 09 maio 2020.

GIAMPICCOLO, Giorgio. La tutela giuridica della persona umana e il c.d. diritto alla riservatezza. *Rivesta Timestale di Diritto e Procedura Civile*, p. 466–477, 1958.

GIGON, Ariane. Ajuda ao suicídio vai a voto. *Swissinfo.cf* [site], 12 maio 2011. Disponível em: https://www.swissinfo.ch/por/ajuda-ao-suic%C3%ADdio-vai-a-voto/30203074. Acesso em: 02 jun. 2020.

GODINHO, Adriano Marteleto. Ortotanásia e cuidados paliativos: o correto exercício da prática médica no fim de vida. In: GODINHO, Adriano Marteleto; LEITE, George Salomão; DADALTO, Luciana (Ed.). *Direito e medicina*: a morte digna nos tribunais. São Paulo: Almedina, 2017.

GOGLIANO, Daisy. Autonomia, bioética e direitos da personalidade. *Revista de Direito Sanitário*, p. 107-127, 2000.

GOMES, Orlando. *Direitos da personalidade*. Rio de Janeiro: Forense, 1966.

GRIMM, Dieter. A dignidade humana é intangível. *Revista de Direito do Estado*, 2010.

GUSTIN, Miracy Barbosa de Sousa. *Das necessidades humanas aos direitos*. Belo Horizonte: Del Rey, 1999.

HABERMAS, Jürgen. *O futuro da natureza humana*. São Paulo: Martins Fontes, 2004.

HAWAII STATE LEGISLATURE. Legislative information. *Hawaii.gov.* [site], 2020. Disponível em: https://www.capitol.hawaii.gov/. Acesso em: 23 jul. 2020.

HÉLÈNE wuillemin, centenária francesa, quiere morir e inició uma huelga de hambre. *Rfi* [site], 30 maio 2020. Disponível em: http://www.rfi.fr/es/20200530-helene-wuillemin-centenaria-francesa-quiere-morir-e-inicio-una-huelga-de-hambre. Acesso em: 15 jun. 2020.

HOLANDA debate comprimido letal gratuito para maiores de 70 anos "cansados de viver". *Observador* [site], 07 fev. 2020b. Disponível em: https://observador.pt/2020/02/07/holanda-vai-aprovar-comprimido-letal-para-maiores-de-70-cansados-de-viver/.Acesso em: 16 jun. 2020.

HOLANDA. Tweede Kamer. Der Staten-Generaal [site], 2020. Disponível em: https://www.houseofrepresentaties.nl.html. Acesso em: 15 out. 2020.

HOLANDA. Ministerie Van Justitie. Staatsblad van het Koninkrijk der Nederlanden. *Officielebekendmakingen.nl* [site], 2020a. Disponível em: https://zoek.officielebekendmakingen.nl/stb-2001-194.html. Acesso em: 02 jun. 2020.

HOLANDA. MINISTERIE VAN JUSTITIE. Staatsblad van het Koninkrijk der Nederlanden. *Officielebekendmakingen.nl* [site], 2020. Disponível em: https://zoek.officielebekendmakingen.nl/stb-2001-194.html. Acesso em: 02 jun. 2020.

HOTTOIS, Gilbert; PARIZEAU, Marie-Hélène. *Dicionário da bioética*. Lisboa: Instituto Piaget, 1993.

INTERNATIONAL ASSOCIATION FOR HOSPICE AND PALLIATIVE CARE (IAHPC). Consensus-Based Definition of Paliative Care, *HospiceCare* [site], 2018. Disponível em: https://hospicecare.com/what-we-do/projects/consensus-based-definition-of-palliative-care/.Acesso em: 02 mar. 2020.

JABUR, Gilberto Haddad. Os direitos da personalidade no código civil brasileiro personality rights in the brazilian civil code. *Revista Jurídica*, v. 01, p. 434-488, 2020.

JUSTIÇA determina interdição de jovem que recusa hemodiálise. *Veja* [site], 28 nov. 2017. Disponível em: https://veja.abril.com.br/saude/justica-determina-interdicao-de-jovem-que-recusa-hemodialise/. Acesso em: 22 jan. 2020.

KANT, I. *Fundamentação da metafísica dos costumes*. Lisboa: Edições 70, 2007.

KITTAY, Eva. At the margins of moral personhood. *Ethics*, v. 116, p. 100-131, 2005.

KNAPLUND, Kristine S. *Montana Becomes Third U.S. State to Allow Physician Aid in Dying* (2010). American Bar Association Section of Real Property, Trust, and Estate Law eReport, Forthcoming, Pepperdine University Legal Studies Research Paper No. 2010/17. Disponível em: https://papers.ssrn.com/sol3/papers.cfm?abstract_id=1699007. Acesso em: 02 jun. 2020.

KNMG, C. DA F. DA S. R. H. PARA A M. *Em busca de normas para a atuação dos médicos ao pedir ajuda para acabar com a vida em caso de vida sofrida.* [s.l: s.n.].

KNMG, C. DA F. DA S. R. H. PARA A M. *O papel do médico na cessação voluntária da vida.* [s.l: s.n.].

KOPPERNOCK, Martin. Das Grundrecht auf bioethische Selbstbestimmung – Zur Rekonstruktion des allgemeinen Personlichkeitsrechts. Baden.

KOVÁCS, Maria Júlia. Suicídio assistido e morte com dignidade: conflitos éticos. *Revista Brasileira de Psicologia*, Salvador, p. 75, 2015.

LIFE CIRCLE. Palliative Care. *Lifecircle.ch* [site], 2020. Disponível em: https://www.lifecircle.ch/. Acesso em: 22 jun. 2020.

LONG, Marceau et al. *Les grands arrêts de la jurisprudence administrative*. 22. ed. Paris: Dalloz, 1996.

LORENZETTI, Ricardo Luís. *Fundamentos do direito privado*. São Paulo: Ed. RT, 1998.

LOWAGIE, H. *Suicídio na Idade Média*: uma grande vergonha. Disponível em: https://historiek.net/zelfmoord-in-de-middeleeuwen-een-grote-schande/18034/ Acesso em: 15 jun. 2021.

LUDWING, Marcos de Campos. O direito ao livre desenvolvimento da personalidade na Alemanha e possibilidades de sua aplicação no direito privado brasileiro. *A reconstrução do direito privado*. São Paulo: Ed. RT, 2002.

LUXEMBURGO. Ministère de Lasanté. Proposition de loi sur l'euthanasie et l'assistance au suicide.*Gouvernement.lu* [site], 2020. Disponível em: www.gouvernement.lu/salle_presse/actualite/2008/12-decembre/18-chd/18-4909.pdf. Acesso em: 02 jun. 2020.

MAGALHÃES, José Luiz Quadros. *Direitos humanos*. São Paulo: Juarez de Oliveira, 2000.

MAINART, Catherine; VASCONCELOS, Camila; BUSSINGUER, Elda. Aspectos Jurídicos dos Cuidados Paliativos: Tratados Internacionais sobre Direitos Humanos e a Legitimação do Acesso aos Cuidados Paliativos no Brasil como Direito Humano. *Cuidados Paliativos – Aspectos Jurídicos*. Indaiatuba: Editora Foco, 2021.

MAO, Frances. Cientista de 104 anos morre na Suíça após jornada de 10 mil km em busca do suicídio assistido. *BBC News* [site], 10 maio 2018. Disponível em: https://www.bbc.com/portuguese/geral-43958624. Acesso: 10 nov. 2019.

MARINHO, Renato Silvestre. *Princípio da autorresponsabilidade no direito penal*. São Paulo: LiberArs, 2018.

MARQUES, Claudia Lima; MIRAGEM, Bruno. *O novo direito privado e a proteção dos vulneráveis*. São Paulo: Ed. RT, 2012.

MARTINELLI, João Paulo Orsini. *Paternalismo jurídico-penal*. São Paulo: Universidade de São Paulo, 2010.

MARTÍNEZ, Fernando Rey. *Eutanasia y derechos fundamentales*. Madrid: Centro de Estudios Políticos e Constitucionales, 2008.

MCCRUDDEN, Christopher. Human dignity and judicial interpretation of human rights. *The European Journal of Internacional Law*, v. 19, p. 664-671, 2008.

MEDEIROS, Fernanda. *Direito dos animais*. Porto Alegre: Livraria do Advogado, 2013.

MEIRELES, Rose Melo. *Autonomia privada e dignidade humana*. Rio de Janeiro: Renovar, 2009.

MEIRELLES, Jussara; TEIXEIRA, Eduardo Didonet. Consentimento livre, dignidade e saúde pública: o paciente hipossuficiente. In: RAMOS, Carmem Lúcia Nogueira (Ed.). *Diálogos sobre direito civil*: construindo uma racionalidade contemporânea. Rio de Janeiro: Renovar, 2002.

MENEZES, Rachel. *Em busca da boa morte*: antropologia dos cuidados paliativos. Rio de Janeiro: Fiocruz, 2004.

MILL, John Stuart. *A liberdade/utilitarismo*. São Paulo: Martins Fontes, 2000.

MILLNS, Suzan. Death, dignity and discrimination: the case of Pretty v. United Kingdom. *German Law Journal*, v. 3, n. 10, 2002.

MINISTÉRIO DA SAÚDE. Ministério recomenda: é preciso envelhecer com saúde. *Ministério da Saúde do Brasil* [site], 01 out. 2016. Disponível em: https://www.saude.gov.br/noticias/agencia-saude/25924-ministerio-recomenda-e-preciso-envelhecercom-saude. Acesso em: 18 jun. 2020.

MIRANDA, Francisco Pontes de. *Tratado de direito privado*. São Paulo: Ed. RT, 1983.

MIRANDA, Jorge. *Manual de direito constitucional*. 3. ed. Coimbra: Coimbra Editora, 2000.

MIRANDOLA, Giovani Pico Della. *Discurso sobre a dignidade do homem*. Lisboa: Editora 70, 2001.

MOLLER, Letícia Ludwig. *Direito à morte com dignidade e autonomia*: o direito à morte de pacientes terminais e os princípios da dignidade e autonomia da vontade. Curitiba: Juruá, 2007.

MORAES, Maria Celina Bodin de. Ampliando os direitos da personalidade. *Na medida da pessoa humana*: estudos de direito civil-constitucional, v. 1, p. 121-148, 2010.

MORAES, Maria Celina Bodin de. *Danos à pessoa humana*. 2. ed. Rio de Janeiro: Editora Processo, 2017.

MORAES, Maria Celina Bodin de. O princípio da dignidade humana. *Princípios do direito civil constitucional*. Rio de Janeiro: Renovar, 2006.

MORAES, Maria Celina Bodin de; CASTRO, Thamis Dalsenter Viveiros de. A autonomia existencial nos atos de disposição do próprio corpo. *Revista Pensar*, Fortaleza, p. 779-818, 2014.

NAÇÕES UNIDAS BRASIL. A ONU e as pessoas idosas. *Nacoesunidas.org* [site], Brasil, 02 out. 2019. Disponível em: https://nacoesunidas.org/acao/pessoas-idosas/. Acesso em: 25 jul. 2020.

NAÇÕES UNIDAS BRASIL. Mundo terá 2 bilhões de idosos em 2050; OMS diz que "envelhecer bem deve ser prioridade global". *Nações unidas.org* [site], Brasil, 07 nov. 2014. Disponível em: https://nacoesunidas.org/mundo-tera-2-bilhoes-de-idosos-em-2050-oms-diz-que-envelhecer-bem-deve-ser-prioridade-global/. Acesso em: 07 jul. 2020.

NAÇÕES UNIDAS BRASIL. Número de pessoas idosas com necessidade de cuidados prolongados triplicará nas Américas até 2050. *Nacoesunidas.org* [site], Brasil, 02 out. 2019. Disponível em: https://nacoesunidas.org/numero-de-pessoas-idosas-com-necessidade-de-cuidados-prolongados-triplicara-nas-americas-ate-2050/. Acesso em: 18 jun. 2020.

NAVES, Bruno Torquato de Oliveira. *O direito pela perspectiva da autonomia privada*: relação jurídica, situações jurídicas e teoria do fato jurídico na segunda modernidade. 2. ed. Belo Horizonte: Arraes, 2014.

OLIVEIRA, Nuno Manuel Pinto. A jurisprudência do tribunal europeu dos direitos do homem sobre o fim da vida. *Cadernos Ibero-Americanos de Direito Sanitário*, v. 5, n. 3, 2016.

OLIVEIRA, Nuno Manuel Pinto. *O direito geral de personalidade e a "solução do dissentimento"*. Coimbra: Coimbra Editora, 2002.

OPAS BRASIL. Organização Pan-Americana da Saúde. Investir no controle de doenças crônicas não transmissíveis gera grandes retornos financeiros e de saúde, afirma OMS. *Paho.org* [site], Brasil, 16 maio 2018. Disponível em: https://www.paho.org/bra/index.php?option=com_content&view=article&id=5675:investir-no-controle-de-doencas-cronicas-nao-transmissiveis-gera-grandes-ganhos-financeiros-e-de-saude-afirma-oms&Itemid=839. Acesso em: 23 out. 2019.

PALMER, Michael. *Problemas morais em medicina*: curso prático. São Paulo: Loyola, 2002.

PEGASOS SWISS ASSOCIATION. Voluntary Assisted Dying in Switzerland. *Pegasos-association* [site], 2020. Disponível em: https://pegasos-association.com/. Acesso em: 22 jun. 2020.

PEREIRA, Potyara. *Necessidades humanas*. 6. ed. São Paulo: Cortez, 2011.

PEREZ, Jesus Gonzalez. *La dignidad de la persona*. 2. ed. Madrid: Civitas, 2011.

PERLINGIERI, Pietro. *La personalità umana nell'ordinamento giuridico*. Napoli: ESI, 1982.

PESSINI, Leo. *Distanásia*: até quando prolongar a vida? 2. ed. São Paulo: Loyola, 2007.

PESSINI, Leo. *Eutanásia*: por que abreviar a vida? São Paulo: Edições Loyola, 2004.

PESSINI, Leo; RICCI, Lopes. O que entender por Mistanásia? In: GODINHO, Adriano Marteleto; LEITE, George Salomão; DADALTO, Luciana (Ed.). *Tratado brasileiro sobre o direito fundamental à morte digna*. São Paulo: Almedina, 2017.

PIERANGELI, José Henrique. *O consentimento do ofendido na teoria do delito*. São Paulo: Ed. RT, 1989.

PINTO, Carlos Alberto da Mota. *Teoria geral do direito civil*. 4. ed. Coimbra: Coimbra Editora, 2005.

PIOVESAN, Flavia. *Direitos humanos e a justiça internacional*: um estudo comparativo dos sistemas regionais europeu, interamericano e africano. São Paulo: Saraiva, 2006.

PIOVESAN, Flavia; DIAS, Roberto. Proteção jurídica da pessoa humana e o direito à morte digna. In: GODINHO, Adriano Marteleto; LEITE, George Salomão; DADALTO, Luciana (Ed.). *Tratado brasileiro sobre o direito fundamental à morte digna*. São Paulo: Almedina, 2017. p. 55-77.

POTTER, Van Rensselaer. *Bioética*: ponte para o futuro. São Paulo: Edições Loyola, 2016.

PROJEÇÃO da população 2018: número de habitantes do país deve parar de crescer. *Agência IBGE notícias* [site], Brasil, 25 jul. 2018. Disponível em: https://agenciadenoticias.ibge.gov.br/agencia-sala-de-imprensa/2013-agencia-de-noticias/releases/21837-projecao-da-populacao-2018-numero-de-habitantes-do-pais-deve-parar-de-crescer-em-2047#:~:text=Em%20

2060%2C%20o%20percentual%20da,%2C5%20milh%C3%B5es)%20em%202018. Acesso em: 25 jul. 2020.

PROSPERI, Francesco. Rilevanza della persona e nozione di status. *Civilistica*, p. 1-31, 2013.

PUGLIATTI, Salvadore. *Autoresponsabilità*. Milano: Giuffrè, 2000.

RAMOS, Erasmo Marcos. Estudo comparado do direito de personalidade no Brasil e na Alemanha. *Doutrinas Essenciais do Direito Civil*, São Paulo, p. 215-244, 2010.

ROBLES-LESSA, Moyana; BARUFFI, Pricila. O Estado Brasileiro e a Promoção dos Cuidados Paliativos: Desafios para a Garantia da Dignidade Humana. *Cuidados Paliativos Aspectos Jurídicos*. Indaiatuba: Editora Foco, 2021, p. 21.

ROCHA, Fábio; SÁ, Maria de Fátima Freire de; MOUREIRA, Diogo. Morte Digna na Bélgica: análise do exercício da autonomia para morrer por pessoas com transtornos mentais. In: SÁ, Maria de Fátima Freire de; DADALTO, Luciana (Ed.). *Direito e medicina*: a morte nos tribunais. Indaiatuba: Foco, 2018.

RODOTÀ, Stefano. Autodeterminação e laicidade. *Revista Brasileira de Direito Civil*, Belo Horizonte, p. 139-152, 2018.

RODOTÀ, Stefano. *La vita e le regole*: tra diritto e non diritto. Milano: Feltrinelli, 2006.

RODOTÀ, Stefano. Politici, liberatici dalla vostra coscienza. *Ritagli*, Roma, 13 jan. 2008. Disponível em: https://daleggere.wordpress.com/?s=Stefano+rodota&submit=Cerca. Acesso em: 24 maio 2020.

RODOTÀ, Stefano; MARTINI, Eleonora; FERRARA, Giuliano. Cultural a que asistimos y la libertad de conciencia. *Entrevista*, p. 1-3, 2008.

ROSEN, Michael. *Dignity*: its history and meaning. Cambridge: Havard University Press, 2012.

ROUSSEAU, Jean-Jacques. *Do contrato social*. Trad. Eduardo Brandão. São Paulo: Companhia das Letras, 2011.

ROXIN, Claus. Que comportamentos pode o Estado proibir sob a ameaça de pena? Sobre a legitimação das proibições penais. *Estudos de Direito Penal*. Rio de Janeiro: Renovar, 2006.

SÁ, Maria de Fátima Freire de; NAVES, Bruno Torquato de Oliveira. *Bioética e biodireito*. 4. ed. Belo Horizonte: Del Rey, 2018.

SÁ, Maria de Fátima. *Direito de morrer*. Belo Horizonte: Del Rey, 2001.

SÁ, Maria de Fátima; MOUREIRA, Diogo. *Autonomia para morrer*. 2. ed. Belo Horizonte: Del Rey, 2015.

SÁ, Maria de Fátima; MOUREIRA, Diogo. *O direito subjetivo à morte digna: uma leitura do direito brasileiro a partir do caso José Ovídio González.* Civilistica.com, Rio de Janeiro, a5, n. 2, 2016. Disponível em: http://civilistica.com/o-direito-subjetivo-a-morte-digna/. Acesso em: 23 out. 2020.

SAGEL-GRANDE, I. *Eutanásia na Holanda*. A evolução da actual regulamentação jurídica, sua prática e um novo projecto. p. 93-134, 2017.

SANTOS, Deborah Pereira; ALMEIDA, Vitor. Reflexões sobre o direito à autodeterminação existencial da pessoa idosa. In: BARLETTA, Fabiana Rodrigues; ALMEIDA, Vitor (Ed.). *A tutela jurídica da pessoa idosa*. Indaiatuba: Foco, 2020.

SANTOS, V. C. F. *A dignidade da pessoa humana nas decisões judiciais*: uma exploração da tradição kantiana no Estado Democrático de Direito brasileiro. São Leopoldo: Unisinos, 2007.

SARLET, Ingo. As dimensões da dignidade da pessoa humana: construindo uma compreensão jurídico-constitucional necessária e possível. *Revista Brasileira de Direito Constitucional*, São Paulo, p. 361-387, 2007.

SARLET, Ingo. *Dignidade (da pessoa) humana e direitos fundamentais na Constituição Federal de 1988*. 10. ed. Porto Alegre: Livraria do Advogado, 2019.

SARMENTO, Daniel. *A ponderação de interesses na Constituição Federal*. Rio de Janeiro: Lumen Juris, 2000.

SARMENTO, Daniel. *Dignidade da pessoa humana*: conteúdo, trajetórias e metodologia. 2. ed. Belo Horizonte: Fórum, 2016.

SCHREIBER, Anderson. *Direitos de personalidade*. 3. ed. São Paulo: Atlas, 2014.

SERBETO, Enrique. Holanda aprobará uma pastilla letal para los mayores de 70 cansados de vivir. *ABC sociedad* [site], 05 fev. 2020. Disponível em: https://www.abc.es/sociedad/abci-holanda-aprobara-pastilla-letal-para-mayores-70-cansados-vivir-202002042028_noticia.html#vca=mod-lo-mas-p6&vmc=leido&vso=abc-es&vli=portada.portada&vtm_loMas=si&ref=. Acesso em: 25 jul. 2020.

SILVA, Denis Franco. O princípio da autonomia: da invenção à reconstrução. In: MORAES, Maria Celina Bodin de (Ed.). *Princípios do direito civil constitucional*. Rio de Janeiro: Renovar, 2006.

SILVA, Virgílio Afonso da. *A constitucionalização do direito*: os direitos fundamentais nas relações entre particulares. São Paulo: Malheiros, 2005.

SILVESTRONI, Mariano H. Eutanasia y muerte piadosa: la relevancia del consentimiento de la víctima como eximente de la responsabilidad criminal. *Cuardenos de Doctrina y Jurisprudencia Penal*, Buenos Aires, p. 557-573, 1999.

SIQUEIRA, Flávia. *Autonomia, consentimento e direito penal da medicina*. São Paulo: Marcial Pons, 2019.

SIQUEIRA, José Eduardo; MEIRELLES, Jussara. Morte digna nos Estados Unidos da América: análise do Caso Nancy Cruzan. In: SÁ, Maria de Fátima; DADALTO, Luciana (Ed.). *Direito e medicina*: a morte digna nos tribunais. São Paulo: Foco, 2018.

SOLITÁRIO ANÔNIMO: *documentário* realizado em 2007 por Debora Diniz, antropóloga, docente da Universidade de Brasília/DF, Brasil, e pesquisadora da ONG Anis – Instituto de Bioética, Direitos Humanos e Gênero. Produção disponível em: http://www.youtube.com/watch?v=Uw6_zvieFw0. Acesso em: 20 set. 2019.

SOUZA, Maria Isabel de Azevedo. O princípio da exclusividade como nota distintiva do direito privado. *A reconstrução do direito privado*. São Paulo: Ed. RT, 2002.

STANZIONE, Pasquale. Persona fisica. In: AUTORINO, Gabriella; STANZIONE, Pasquale (Ed.). *Diritto civile e situazioni esistenziali*. Torino: G. Giappichelli Editore, 1997.

STERNBERG-LIEBEN, Detlev. *Die objektiven Schranken der Einwilligung im Strafrecht*. Tubingen: Mohr Siebeck, 1997.

STRICK, Samuel. Dissertationum Juridicarum Francofurtensium, Dusputat. XV, 1975, p. 401/431. In: GOGLIANO, Daisy. *Direitos privados da personalidade*. Dissertação de Mestrado. Faculdade de Direito da Universidade de São Paulo, 1982, p. 79.

SUNSTEIN, C. The rights of the animals. *The University of Chicago Law Review*, Chicago, 2003.

SZTAJN, Rachel. *Autonomia privada e direito de morrer*: eutanásia e suicídio assistido. São Paulo: Cultural Paulista, 2018.

TEIXEIRA, Ana Carolina Brochado. *Saúde, corpo e autonomia privada*. Rio de Janeiro: Renovar: 2010.

TEIXEIRA, Ana Carolina; MENEZES, Joyceane. *Primeiras reflexões sobre o conteúdo diferenciado do princípio do melhor interesse quando aplicável ao idoso*. [s. l.], [s.d.]. (no prelo).

TEIXEIRA, Ana Carolina Brochado; SÁ, Maria de Fátima Freire de. Fundamentos principiológicos do estatuto da criança e do adolescente e do estatuto do idoso. *Revista Brasileira de Direito de Família*, Porto Alegre, 1999.

TEIXEIRA, Ana Carolina Brochado; SÁ, Maria de Fátima Freire de. Responsabilidade médica e consciência religiosa. *Revista Trimestral de Direito Civil*, 2005.

TEPEDINO, Gustavo. *A tutela da personalidade no ordenamento civil constitucional positivo*. Rio de Janeiro: Renovar, 2001.

TEPEDINO, Gustavo; SCHREIBER, Anderson. O extremo da vida: eutanásia, accanimento terapêutico e dignidade humana. *Revista Trimestral de Direito Civil*, São Paulo, 2009.

TOMÁS DE AQUINO, S. *The summa theologica*. Tradução de Daniel J. Sullivan. Londres: Encyclopaedia Britannica, 1978.

TRIBUNAL constitucional alemão abre as portas ao suicídio assistido. *Euronews* [site], 27 fev. 2020. Disponível em: https://pt.euronews.com/2020/02/26/tribunal-constitucional-alemao-abre-as-portas-ao-suicidio-assistido. Acesso em:10 mar. 2020.

TRIBUNAL EUROPEU DOS DIREITOS DO HOMEM. Petry contra o Reino Unido.

UNESCO. Organizações das Nações Unidas para a Educação, a Ciência e a Cultura. Registro Nacional do Brasil do Programa Memória do Mundo da Unesco. *Arquivonacional.gov* [site], 2020. Disponível em: http://mow.arquivonacional.gov.br/index.php/acervos-brasileiros/registro-nacional.html. Acesso: 17 jun. 2020.

UNESCO. Universal Declaration on the Human Genome and Human Rights. Convenção para a proteção dos direitos do homem e da dignidade do ser humano face às aplicações da biologia e da medicina - Conselho da Europa. Convention on Human Rights and Biomedicine – Explanatory Report. 1997.

UNITED KINGDOM. House of Lords. R. v. Brown. [1993] All ER 75. Disponível em: http://www.parliament.the-stationery-office.com/pa/ld199798/ldjudgmt/jd970724/brown01.htm. Acesso em: 20 dez. 2019.

UNITED NATIONS. Department of Economic and Social Affairs Ageing. 2002. *Un.org* [site], 2002. Disponível em: https://www.un.org/development/desa/ageing/madrid-plan-of-action-and-its-implementation/second-world-assembly-on-ageing-2002.html. Acesso em: 18 jun. 2020.

UNITED NATIONS. Second World Assembly on Ageing. 2002. *Un.org* [site], 2002. Disponível em: https://www.un.org/en/development/devagenda/ageing.shtml. Acesso em: 18 jun. 2020.

USA. California Legislative Information. Bill information. *Ca.gov* [site], 2020b. Disponível em: https://leginfo.legislature.ca.gov/faces/billTextClient.xhtml.Acesso em: 02 jun. 2020.

USA. Colorado Department of Public Health and Enviroment. Medical aid in dying: Colorado end-of-life options act. *Colorado.gov* [site], 2020c. Disponível em: https://www.colorado.gov/pacific/cdphe/medical-aid-dying. Acesso em: 23 jul. 2020.

USA. OREGON HEALTH AUTHORITY. Death with Dignity Act. Oeron's death with dignity act: about the death with dignity act. *Oregon.gov* [site], 2019. Disponível em: www.oregon.gov/oha/PH/PROVIDERPARTNERRESOURCES/EVALUATIONRESEARCH/DEATHWITHDIGNITYACT/Pages/index.aspx. Acesso em: 02 jun. 2020.

USA. Washington State Department of Health. Death with Dignity Act. *Usa.gov* [site], 2020a.Disponível em: http://1.usa.gov/1DaWEB1.Acesso em: 02 jun. 2020.

VERMONT DEPARTMENT OF HEALTH. Patient Choice and Control at end of life. *Healthvermont.gov* [site], 2020. Disponível em: https://www.healthvermont.gov/systems/end-of-life-decisions/patient-choice-and-control-end-life.Acesso em: 02 jun. 2020.

VILHENA, Oscar Vieira. *Direitos fundamentais*: uma leitura da jurisprudência do STF. São Paulo: Malheiros, 2006.

VILLAS-BOAS, Maria Elisa. Eutanásia. In: GODINHO, Adriano; LEITE, George; DADALTO, Luciana (Ed.). *Tratado brasileiro sobre o direito fundamental à morte digna*. São Paulo: Almedina, 2017.

WEYERS, H. *Euthanasia: the process of legal change*. Amsterdam: [s.n.].

WELZEL, Hans. *O novo sistema jurídico-penal*: uma introdução à doutrina da ação finalista. 4. ed. São Paulo: Ed. RT, 2015.

WIJNGAARDEN, E. VAN. *Ready To Give Up on Life*. [s.l.] University of Humanistic Studies, Department of Care Ethics, 2016.

WIJNGAARDEN, LEGET, GOOSSENSE. Ready To Give Up on Life: The lived experienc of elderly people who feel life is completed and no longer worth living. *Journal Social Science & Medicine*, 2015, p. 257-264.

WIJNGAARDEN, LEGET, GOOSSENSE. Experiences and motivations underlying wishes to die in older people who are tired of living: A research area in its infancy. *Journal Omega*. 2014, p. 191-216.

WIJNGAARDEN, LEGET, GOOSSENSE. Caught between intending and doing: Older people ideating on a self-chosen death. *BMJ Open*. 2016.

WIJNGAARDEN, LEGET, GOOSSENSE. Disconnectedness from the here-and-now: a phenomenological perspective as a counteract on the medicalisation of death wishes in elderly people. *Med Health Care and Philos*. 2016, p. 265-273.

ZILLES, Urbano. *Pessoa e dignidade*. Curitiba: CRV, 2012.

Anotações